高等职业教育电子商务专业系列教材

用微课学
实战网络营销

张秋仙　周　明　主　编
叶南均　黄毅英　张　盈　副主编

电子工业出版社
Publishing House of Electronics Industry
北京·BEIJING

内 容 简 介

本书介绍了网络营销实战的全过程，包括网络营销理论基础、搜索引擎优化、搜索引擎营销、微信营销、微博营销、内容营销、网络客服和精准营销。本书以网络营销实战中的典型工作任务为载体，将网络营销的课程设计、理论教学、实践教学等各教学环节有机地结合起来。全书配套了28个微课进行实例讲解，让读者真正掌握网络营销的知识、策略和技巧。

本书既可作为高等职业教育电子商务专业及相关专业（包括工商管理、信息管理、物流管理和旅游管理等专业）的课程教学教材，也可作为从事企业网络营销实际工作的专业人士的参考资料或培训教材。

未经许可，不得以任何方式复制或抄袭本书之部分或全部内容。
版权所有，侵权必究。

图书在版编目（CIP）数据

用微课学实战网络营销 / 张秋仙，周明主编. —北京：电子工业出版社，2021.7
ISBN 978-7-121-41479-4

Ⅰ. ①用… Ⅱ. ①张… ②周… Ⅲ. ①网络营销－高等职业教育－教材 Ⅳ. ①F713.365.2

中国版本图书馆 CIP 数据核字（2021）第 125445 号

责任编辑：徐建军　　文字编辑：王　炜
印　　刷：涿州市般润文化传播有限公司
装　　订：涿州市般润文化传播有限公司
出版发行：电子工业出版社
　　　　　北京市海淀区万寿路 173 信箱　邮编 100036
开　　本：787×1 092　1/16　印张：10.25　字数：262.4 千字
版　　次：2021 年 7 月第 1 版
印　　次：2025 年 1 月第 4 次印刷
定　　价：35.00 元

凡所购买电子工业出版社图书有缺损问题，请向购买书店调换。若书店售缺，请与本社发行部联系，联系及邮购电话：（010）88254888，88258888。
质量投诉请发邮件至 zlts@phei.com.cn，盗版侵权举报请发邮件至 dbqq@phei.com.cn。
本书咨询联系方式：（010）88254570，xujj@phei.com.cn。

前言 Preface

电子商务的发展对网络营销提出了更全面的要求，特别是近几年涌现出许多新思维、新思想、新技术。为了适应企业开展电子商务、进军网络市场的需求。本书按照专业对应工作岗位及岗位群实施典型工作任务分析，在工作任务及其工作过程的背景下，按照"认知营销"→"营销环境"→"营销活动"的认知过程，将网络营销学习领域中的能力目标和学习内容进行基于教学论和方法论的转换。在学习内容框架内构成"小型"的主题学习情境，每个学习情境都通过实际工作任务的项目实施形式，编制相应的学习内容，实现能力目标。本书采用基于任务驱动、注重实践的模式，以能力培养为主线，形成项目实训内容体系。

本书在编写过程中，深入农产品营销企业进行调研考察，与广西南宁桂特商贸有限公司（广西特产网）、南宁市供销社等农产品营销单位共同编制内容目录，得到了广西特产网黄光强、陆江等企业人士的支持，提供了相关素材资料，在此表示感谢。

本书由广西经贸职业技术学院的张秋仙、周明、叶南均、黄毅英和广东科贸职业学院的张盈共5位教师共同编写。其中张秋仙、周明担任主编，并制定编写大纲及整体写作风格，项目1和项目7由周明编写；项目2由黄毅英编写；项目4和项目5由张秋仙编写；项目3由张盈编写；叶南均编写项目6和项目8，并负责内容的组织工作。

为了方便教师教学，本书配有电子教学课件及28个微课，详见用微课学实战网络营销（视频清单），请有此需求的教师登录华信教育资源网（www.hxedu.com.cn）免费注册后下载，如有问题可在网站留言板中留言或与电子工业出版社联系（hxedu@phei.com.cn）。

由于编者水平有限，编写时间仓促，书中难免存在疏漏和不足之处，恳请同行专家和读者批评指正。

编　者

用微课学实战网络营销（视频清单）

项　　目	任　　务	教学视频	时间（分钟）
项目1　网络营销理论基础	网络营销思维	1.2.mp4	9
	网络营销步骤	1.3.mp4	8
项目2　搜索引擎优化	搜索引擎优化的基础	2.1.mp4	8
	关键词的选择	2.2.mp4	9
	搜索引擎优化的方向	2.3.mp4	9
	网站内部优化（1）	2.4.1.mp4	7
	网站内部优化（2）	2.4.2.mp4	7
	网站内部优化（3）	2.4.3.mp4	8
	网站外部链接优化	2.5.mp4	9
项目3　搜索引擎营销	搜索引擎营销的基础	3.1.mp4	8
	推广账户结构设计	3.2.mp4	8
	创意撰写	3.3.mp4	7
	搜索引擎优化	3.4.mp4	8
项目4　微信营销	微信营销基础	4.1.mp4	10
	公众号的内容建设	4.2.mp4	9
	朋友圈推广	4.3.mp4	11
	微信商家展示	4.4.mp4	9
项目5　微博营销	微博营销的概述	5.1.mp4	9
	企业微博内容规划的方法	5.2.mp4	8
	企业微博活动的策划与设置	5.3.mp4	9
项目6　内容营销	知乎营销基础	6.1.mp4	8
	知乎营销策略	6.2.mp4	8
	邮件营销基础操作	6.3.mp4	13
	邮件营销技巧	6.4.mp4	10
项目7　网络客服	网络客服的岗位认知	7.2.mp4	11
	网络客服的服务技能	7.3.mp4	12
项目8　精准营销	营销数据分析基础	8.1.mp4	8
	营销数据分析实务	8.2.mp4	8

目录 Contents

项目1 网络营销理论基础 (1)
  任务1.1 网络营销的背景分析 (1)
    1.1.1 网络营销的概念 (2)
    1.1.2 网络营销的特点 (4)
    1.1.3 网络营销的职能 (4)
  任务1.2 网络营销思维 (6)
    1.2.1 有效流量思维 (7)
    1.2.2 目标分解验证思维 (8)
    1.2.3 横向扩展思维 (8)
    1.2.4 AB测试思维 (9)
    1.2.5 用产品思维选择广告模式 (9)
  任务1.3 网络营销步骤 (10)
    1.3.1 用户调研 (12)
    1.3.2 制作营销内容 (13)
    1.3.3 选择推广渠道 (14)
    1.3.4 数据反馈及优化调整 (14)
  任务1.4 实训：建立学习博客 (15)

项目2 搜索引擎优化 (16)
  任务2.1 搜索引擎优化的基础 (16)
    2.1.1 搜索引擎 (17)
    2.1.2 搜索引擎优化 (18)
    2.1.3 搜索引擎优化的重要性 (18)
    2.1.4 搜索引擎优化的工作原理 (19)
  任务2.2 关键词的选择 (21)
    2.2.1 关键词的研究 (21)
    2.2.2 关键词的选择 (22)
    2.2.3 长尾关键词 (24)
    2.2.4 预估流量及价值 (25)
  任务2.3 搜索引擎优化的方向 (27)

2.3.1　网站诊断 ………………………………………………………………………… (27)
　　2.3.2　搜索引擎优化工作的内容 ……………………………………………………… (28)
　　2.3.3　网站链接结构 …………………………………………………………………… (28)
　　2.3.4　网站导航 ………………………………………………………………………… (29)
　　2.3.5　子域名和链接目录 ……………………………………………………………… (30)
　　2.3.6　禁止收录机制 …………………………………………………………………… (31)
　任务 2.4　网站内部优化 …………………………………………………………………… (32)
　　2.4.1　页面标题优化 …………………………………………………………………… (32)
　　2.4.2　页面关键词优化 ………………………………………………………………… (34)
　　2.4.3　页面描述优化 …………………………………………………………………… (34)
　　2.4.4　正文中的关键词优化 …………………………………………………………… (35)
　任务 2.5　网站外部链接优化 ……………………………………………………………… (36)
　　2.5.1　外部链接 ………………………………………………………………………… (36)
　　2.5.2　外部链接的质量 ………………………………………………………………… (37)
　　2.5.3　友情链接 ………………………………………………………………………… (38)
　　2.5.4　外部链接的其他方式 …………………………………………………………… (39)
　任务 2.6　实训：网站诊断 ………………………………………………………………… (40)

项目 3　搜索引擎营销 …………………………………………………………………… (43)
　任务 3.1　搜索引擎营销的基础 …………………………………………………………… (43)
　　3.1.1　搜索引擎营销的定义 …………………………………………………………… (44)
　　3.1.2　百度竞价排名 …………………………………………………………………… (46)
　　3.1.3　质量度 …………………………………………………………………………… (47)
　　3.1.4　推广点击价格的算法 …………………………………………………………… (48)
　　3.1.5　SEM 的 3 个步骤 ………………………………………………………………… (49)
　任务 3.2　推广账户结构设计 ……………………………………………………………… (49)
　　3.2.1　账户结构 ………………………………………………………………………… (50)
　　3.2.2　账户结构设计 …………………………………………………………………… (51)
　　3.2.3　选择关键词 ……………………………………………………………………… (51)
　　3.2.4　关键词分组 ……………………………………………………………………… (53)
　　3.2.5　设置关键词的出价 ……………………………………………………………… (53)
　任务 3.3　创意撰写 ………………………………………………………………………… (54)
　　3.3.1　创意要素 ………………………………………………………………………… (54)
　　3.3.2　创意的重点概念 ………………………………………………………………… (55)
　　3.3.3　创意撰写的技巧 ………………………………………………………………… (56)
　任务 3.4　搜索引擎优化 …………………………………………………………………… (58)
　　3.4.1　优化指标 ………………………………………………………………………… (58)
　　3.4.2　优化工具 ………………………………………………………………………… (59)
　　3.4.3　优化内容 ………………………………………………………………………… (61)
　任务 3.5　实训：创意撰写 ………………………………………………………………… (63)

项目 4　微信营销 ………………………………………………………………………… (64)
　任务 4.1　微信营销基础 …………………………………………………………………… (64)
　　4.1.1　微信的商业价值 ………………………………………………………………… (65)

4.1.2　适用行业参考 ·· （66）
　　4.1.3　微信公众号的营销优势 ··· （67）
　　4.1.4　公众号类型与选择标准 ··· （68）
任务 4.2　公众号的内容 ·· （70）
　　4.2.1　公众号的内容价值 ·· （70）
　　4.2.2　公众号的内容规划 ·· （71）
　　4.2.3　公众号的内容建设 ·· （71）
任务 4.3　朋友圈推广 ··· （72）
　　4.3.1　利用朋友圈推广 ·· （72）
　　4.3.2　朋友圈推广的形式和目的 ··· （73）
　　4.3.3　朋友圈推广的步骤 ·· （74）
　　4.3.4　引爆朋友圈的推广策略 ··· （74）
任务 4.4　微信商家展示 ·· （75）
　　4.4.1　微网站 ··· （76）
　　4.4.2　微店 ·· （76）
　　4.4.3　微商城 ··· （77）
任务 4.5　实训：企业微信营销 ·· （78）

项目 5　微博营销 ··· （79）

任务 5.1　微博营销的概述 ·· （79）
　　5.1.1　微博的发展史 ··· （80）
　　5.1.2　微博的独特优势 ·· （81）
　　5.1.3　企业微博的营销模式 ·· （82）
任务 5.2　企业微博内容规划的方法 ·· （84）
　　5.2.1　微博定位 ·· （85）
　　5.2.2　微博搭建 ·· （85）
　　5.2.3　微博互动 ·· （86）
　　5.2.4　数据分析 ·· （87）
任务 5.3　企业微博活动的策划与设置 ··· （88）
　　5.3.1　微博增粉 ·· （88）
　　5.3.2　微博活动策划 ··· （89）
　　5.3.3　初级用户运营 ··· （91）
任务 5.4　实训：企业微博内容规划 ·· （92）

项目 6　内容营销 ··· （94）

任务 6.1　知乎营销基础 ·· （94）
　　6.1.1　知乎营销的基本认知 ·· （95）
　　6.1.2　建立知乎账号的关键点 ··· （96）
　　6.1.3　找到精准的话题 ·· （97）
　　6.1.4　找到有价值的问题 ·· （98）
　　6.1.5　如何提高答复问题的质量 ··· （98）
　　6.1.6　知乎日常运营的注意事项 ··· （99）
任务 6.2　知乎营销策略 ·· （99）
　　6.2.1　在答复中植入产品 ·· （100）

6.2.2　知乎营销小技巧 ………………………………………………………（102）
　　　6.2.3　知乎持续性运营策略 ……………………………………………………（103）
　任务6.3　邮件营销基础操作 …………………………………………………………（103）
　　　6.3.1　邮件营销的基本认知 ……………………………………………………（104）
　　　6.3.2　收集邮件地址 ……………………………………………………………（105）
　　　6.3.3　撰写邮件标题 ……………………………………………………………（106）
　　　6.3.4　撰写邮件内容 ……………………………………………………………（106）
　任务6.4　邮件营销技巧 ………………………………………………………………（107）
　　　6.4.1　设置转化点 ………………………………………………………………（109）
　　　6.4.2　邮件的发送方式 …………………………………………………………（109）
　　　6.4.3　邮件数据监测 ……………………………………………………………（110）

项目7　网络客服 ……………………………………………………………………（111）

　任务7.1　网络客服体系 ………………………………………………………………（111）
　　　7.1.1　网络客服的意义 …………………………………………………………（112）
　　　7.1.2　网络客服的概念 …………………………………………………………（113）
　　　7.1.3　网络客服的工种 …………………………………………………………（113）
　　　7.1.4　网络客户的分类 …………………………………………………………（114）
　　　7.1.5　网络客服的工作内容 ……………………………………………………（115）
　　　7.1.6　网络客服应具备的基本要求与能力 ……………………………………（116）
　任务7.2　网络客服的岗位认知 ………………………………………………………（118）
　　　7.2.1　售前的知识储备 …………………………………………………………（120）
　　　7.2.2　客户接待与沟通 …………………………………………………………（121）
　　　7.2.3　网络客服的售后服务 ……………………………………………………（126）
　任务7.3　网络客服的服务技能 ………………………………………………………（131）
　　　7.3.1　售前客服的服务技能 ……………………………………………………（131）
　　　7.3.2　售后客服的接待技能 ……………………………………………………（132）
　任务7.4　智能客服 ……………………………………………………………………（133）
　　　7.4.1　智能客服的概念 …………………………………………………………（134）
　　　7.4.2　智能客服的现状 …………………………………………………………（135）
　　　7.4.3　智能客服的发展趋势 ……………………………………………………（135）

项目8　精准营销 ……………………………………………………………………（137）

　任务8.1　营销数据分析基础 …………………………………………………………（137）
　　　8.1.1　数据分析的作用 …………………………………………………………（138）
　　　8.1.2　数据分析工作原理 ………………………………………………………（139）
　　　8.1.3　数据分析工具及应用 ……………………………………………………（140）
　　　8.1.4　数据分析流程 ……………………………………………………………（143）
　任务8.2　营销数据分析实务 …………………………………………………………（144）
　　　8.2.1　渠道与流量分析 …………………………………………………………（147）
　　　8.2.2　网站页面分析 ……………………………………………………………（151）
　　　8.2.3　用户行为分析 ……………………………………………………………（152）
　　　8.2.4　网站转化分析 ……………………………………………………………（153）

项目 1

网络营销理论基础

任务 1.1 网络营销的背景分析

教学目标

1. 了解网络营销的定义；
2. 了解网络营销与网上销售的区别与联系；
3. 了解网络营销与电子商务的区别与联系；
4. 重点掌握网络营销的特点；
5. 了解价格的影响因素；
6. 了解网络营销的职能。

案例引入

返乡青年许冬梅姐弟的创业故事

2016年7月，许冬梅姐弟通过网络销售粉葛系列产品的收入超过了50万元，网络销售已逐步打开了局面。

许冬梅是学美术设计的，原是一名美术教师，弟弟许颖斌学的是电子专业，原在北京的某电子企业打工。他们的父亲经过多年打拼，经营着一家贸易公司，销售各种农产品。姐弟俩经常回来帮忙打理贸易公司的销售事宜。在大众创新、万众创业的氛围下，姐弟俩整合父亲的贸易公司，创办了广西梧州藤县绿色田园葛业有限公司，主打粉葛系列产品业务。

针对粉葛产业的发展情况，许冬梅姐弟以全镇万亩无公害粉葛基地为依托，牵头成立了藤县泰和葛业专业合作社，从事葛根苗培及葛根的种植、加工、销售和科研一体化业务，合作社还辐射周边的太平、东荣、金鸡等乡镇万余亩葛根产地。2015年他们销售葛根系列产品200万吨。

随着互联网技术的发展，许冬梅姐弟想在网上开拓销售业务，于是他们在阿里巴巴平台上开了一家名为"葛香园"的网店，并高薪聘请了一名网店管理员，负责网店的美化装修、广告推介和经营管理。许冬梅发挥专业特长力求产品包装精致美观。公司全力打造葛根茶、葛根粉丝等"葛香园"系列品牌产品。

在"互联网+公司+合作社"的理念下运营，许冬梅姐弟将粉葛事业越做越好，带领粉葛种植农户增收致富。

知识点：网络营销是以互联网为平台的一种新型营销方式。目前对网络营销的理论研究还仅处于初级阶段。

1.1.1 网络营销的概念

目前对"网络营销"还没有一个公认的、完善的定义，而且在不同时期从不同的角度对网络营销的认识也有一定的差异，由于网络营销环境在不断发展变化，各种网络营销模式不断出现，并且网络营销涉及多个学科的知识，不同的研究人员具有不同的知识背景，因此在网络营销研究的方法和内容方面也存在一定的差异。

从网络营销的内容和表现形式来看，人们对网络营销有着不同的认识。有些人将网络营销等同于在网上销售产品，有些人则把域名注册、网站建设这些基础网络服务内容认为是网络营销，也有些人只将网站推广认为是网络营销。应该说，这些观点仅从某些方面反映了网络营销的部分内容，并没有表达出网络营销的全部内涵，也无法体现出网络营销的实质。

凡是以互联网为主要手段开展的营销活动，都可称之为网络营销（有时也称为网上营销、互联网营销等），但实际上并不是每一种手段都合乎网络营销的基本准则，也不是任何一种方法都能发挥网络营销的作用。本书以企业实际经营为背景，以网络营销实践应用经验为基础，系统地研究网络营销的理论和方法，其目的在于网络营销的实用化，让互联网在企业经营中真正发挥作用。因此，网络营销应该具有其内在的规律性，可为营销实践提供指导，产生实实在在的效果，并且具有可操作性。

为了明确网络营销的基本含义，本书将其定义为网络营销是企业整体营销战略的一个组成部分，是为实现企业总体经营目标所进行的、以互联网为基本手段营造网上经营环境的各种活动。

下面对网络营销定义中涉及的一些问题进行说明。

1. 网络营销不是孤立存在的

网络营销是企业整体营销战略的一个组成部分，其活动不可能脱离一般营销环境而独立存在，在很多情况下，网络营销理论是传统营销理论在互联网环境中的应用和发展。对于不同的企业，网络营销所处的地位有所不同。以经营网络服务产品为主的网络公司会更加注重网络营销的策略，而在传统的工商企业中，网络营销通常只处于辅助地位。由此也可以看出，网络营销与传统市场营销策略之间并没有冲突，但因为网络营销依赖互联网应用环境而具有自身的特点，所以具有相对独立的理论和方法体系。在企业营销实践中，传统营销往往和网络营销并存。

2. 网络营销不等于网上销售

网络营销是为最终实现产品销售、提升品牌形象的目的而进行的活动。网上销售是网络营销发展到一定阶段产生的结果，但并不是唯一结果，因此网络营销本身并不等于网上销售。这可以从以下 3 个方面来说明。

（1）网络营销的目的并不仅仅是为了促进网上销售，很多情况下，网络营销活动并不一定能实现网上直接销售的目的，但有可能会促进网下销售的增加，并且增加顾客的忠诚度。

（2）网络营销的效果表现在多个方面，如提升企业的品牌价值、加强与顾客的沟通、拓展对外信息发布的渠道、改善对顾客的服务等。

（3）从网络营销的内容来看，网上销售也只是其中的一部分，并不是必须具备的内容，许多企业网站根本不具备网上销售产品的条件，而只是作为企业发布产品信息的一个渠道，通过一定的网站推广手段，达到宣传产品的目的。

3．网络营销不等于电子商务

网络营销和电子商务是一对既紧密相关又具有明显区别的概念，两者很容易混淆。例如，企业建立一个普通网站就是开展电子商务，或者将网上销售商品称为网络营销等，这些都是不确切的说法。电子商务的内涵很广，其核心是电子化交易，它强调的是交易方式和交易过程的各个环节。网络营销是企业整体营销战略的一个组成部分，无论是传统企业还是基于互联网开展业务的企业，以及是否具有电子化交易的发生，都需要网络营销。但网络营销本身并不是一个完整的商业交易过程，而是为了促成交易提供的支持，因此它是电子商务中的一个重要环节，尤其在交易发生之前，网络营销发挥着重要的信息传递作用。网络营销和电子商务的这种关系也表明，发生在电子交易过程中的网上支付和交易之后的商品配送等环节，并不是网络营销所能包含的内容。同样，电子商务体系中所涉及的安全、法律等问题也不适合全部包括在网络营销中。

4．网络营销不应被称为"虚拟营销"

有一些文章喜欢用"虚拟营销"来描述网络营销，其实这是不合适的，因为所有的网络营销手段都是实实在在的，而且比传统营销方法更容易跟踪了解顾客的行为。例如，借助于网站访问统计软件，可以知道网站的访问者来自什么地方，在多长的时间内浏览了哪些网页，企业可以知道顾客来自什么IP，也可以知道有多少顾客打开了企业发出的电子邮件，企业通过专用的顾客服务工具，还可以同顾客进行实时交流，所以每个顾客都是实实在在的。

5．网络营销是对网上经营环境的营造

开展网络营销需要一定的网络环境，如网络服务环境、上网用户数量、合作伙伴、供应商、销售商、相关行业的网络环境等。网络环境为企业开展网络营销活动提供了潜在用户，以及向用户传递营销信息、建立顾客关系、进行网上市场调研等各种营销活动的手段和渠道。企业的网络营销活动也是整个网络环境的组成部分，开展网络营销的过程就是与这些环境因素建立关系的过程。这些关系发展好了，网络营销才能取得成效。例如，网站推广常用的搜索引擎营销和网站链接策略的实施，也就是和搜索引擎服务商及合作伙伴之间建立良好关系的过程，网站访问量的增长和网上销售得以实现都是对网上经营环境营造的结果。因此，网络营销是对企业网上经营环境的营造过程，也就是综合利用各种网络营销手段、方法和条件并协调其间的相互关系，从而更加有效地实现企业的营销目标。

网络营销的内涵和手段都在不断地发展演变中，关于网络营销的定义和理解也只能适用于一定的时期。随着时间的推移，这种定义可能显得不够全面，或者不能反映新时期的实际状况。因此，不要把网络营销理解为僵化的概念，也不必将本书中所介绍的网络营销方法作为固定的模式照搬，而是需要根据网络营销环境的发展，在具体实践中根据本企业的实际状况灵活运用。

1.1.2 网络营销的特点

网络营销有以下 5 个特点，即不受空间地域的限制、传播方式多种多样、个性化营销、营销环节更加简化、降低企业营销成本。

1. 不受空间地域的限制

互联网平台的亮点就是没有任何空间、地域、时间的限制，随时随地都能进行营销，向目标客户展示企业形象与产品信息，全天候地为企业服务。

2. 传播方式多种多样

网络营销可以利用图画、文字、声音等多种营销形式，拉近与顾客的距离。

3. 个性化营销

在互联网上都是一对一的服务，顾客通过这种交互式沟通获取需要的信息。

4. 营销环节更加简化

在网站上顾客可以自己搜索想购买的产品，并根据需求直接下单，可简化企业的营销环节，提高订单效率。

5. 降低企业营销成本

网站不需要投入场地、装修、水电、人工等费用，可直接在网络上的虚拟商铺进行销售，因此降低了企业的成本。

1.1.3 网络营销的职能

网络营销的职能表现在 8 个方面：网络品牌、网站推广、信息发布、销售促进、销售渠道、顾客服务、顾客关系、网上调研。网络营销的职能概括了网络营销的核心内容，同时也明确了企业网络营销工作的基本任务。网络营销的职能是通过各种网络营销方法来实现的，同一个职能的实现可能需要多种网络营销方法共同作用，而同一种网络营销方法也可能适用于多个网络营销职能。

在传统的市场营销中，4P（产品、价格、销售渠道和促销）被称为市场营销组合，也是整个市场营销学的基本框架。那么，网络营销的理论基础是什么呢？网络营销的内容体系又是如何构建的呢？

在互联网环境中，一些学者认为 4C 是网络营销的理论基础，4C 即顾客的欲望和需求（Consumer's Wants and Needs）、满足欲望和需求的成本（Cost to Satisfy Wants and Needs）、方便购买（Convenience to Buy），以及与顾客的沟通（Communication）。从表面上看，4C 的确反映了网络营销的一些特征，并且对网络营销策略具有一定的指导作用。通过深入分析可以发现，虽然 4C 对于网络营销思想具有一定的意义，但这些并非属于网络营销的专有特征，对传统的市场营销同样是适用的，并且 4C 体系本身并不完整，其在严密性、系统性和可操作性等方面显然无法与 4P 相提并论。网络营销是从实践应用中经过归纳总结逐步形成的一门学科，实践性强是其基本特征，如果脱离了可操作性来研究网络营销，将无法体现网络营销的实际价值。事实上，到目前为止，没有任何一个理论可以作为完整的网络营销理论基础，也不可能凭空想象出一个可以解释网络营销一般规律的理论体系。为了深入研究网络营销的内在规律，就需要从网络营销发生、发展的实践出发来逐步认识其本质，使网络营销实践经过归纳总结上升到理论的高度。

因为互联网应用的发展速度非常快，所以不断有新的网络营销模式出现，如何能够比较全面地反映网络营销实践的发展，并对企业网络营销实践活动具有指导作用，就成为构建网络营销体系的基本出发点。从实践应用的角度来看，网络营销比较注重操作方法和技巧，这样容易给人造成一种感觉，即很难把握网络营销的精髓，网络营销似乎只是一些操作方法的罗列，而不是一个完整的网上经营体系，由此产生的直接结果就是网络营销缺乏系统性，并且难以用全面的观点去评价网络营销的效果，甚至难以确立网络营销在企业营销战略中的地位，互联网在企业经营中的价值也不能充分发挥出来。

为理解网络营销的基本框架，本书用网络营销的职能来说明网络营销的组成，以及所包含的基本内容。

1. 网络品牌

网络营销的重要任务之一就是在互联网上建立并推广企业品牌。网络营销为企业利用互联网建立品牌形象提供了有利的条件，无论是大型企业还是中小型企业都可以用适合自己企业的方式展现品牌形象。网络品牌的建立以企业网站建设为基础，通过一系列的推广措施，以达到顾客和公众对企业的认知。网络品牌价值是网络营销效果的表现形式之一，通过网络品牌的价值转化为顾客忠诚度和更多的直接收益。

2. 网站推广

网站推广是网络营销的基础工作，获得必要的访问量是网络营销取得成效的基础。由于中小型企业的经营资源有限，发布新闻、投放广告、开展大规模促销活动等宣传机会比较少，所以通过互联网进行推广的意义显得尤为重要，这也是中小型企业对于网络营销更为热衷的原因。另外，对于大型企业利用网站进行推广同样非常必要。

3. 信息发布

网络营销的基本思路就是通过互联网将企业营销信息以高效的手段向目标用户、合作伙伴、公众等群体传递。互联网为企业发布信息创造了优越的条件，不仅可以将信息发布在企业网站上，还可以利用各种网络营销工具和网络服务商的信息发布渠道向更大的范围传播。

4. 销售促进

网络营销的目的是为增加销售量提供支持，各种网络营销方法都会起到促进销售的效果。同时还有许多针对性的网上促销手段，并不限于对网上销售的支持，事实上，网络营销对于促进网下销售同样也很有价值。

5. 销售渠道

网上销售是企业销售渠道的延伸。一个具备交易功能的企业网站本身就是一个交易场所。网上销售渠道建设并不限于企业网站本身，还包括在专业电子商务平台上开设的网上商店等。因此，网上销售并不仅是大型企业才能开展的活动，不同规模的企业都有可能拥有适合自己的网上销售渠道。

6. 顾客服务

互联网提供了更加方便的在线顾客服务手段，从形式简单的 FAQ（常见问题解答），到电子邮件、邮件列表，以及在线论坛和各种即时信息服务等。在线顾客服务具有成本低、效率高的优点，在提高服务水平、降低服务费用方面具有显著作用，同时也能直接影响网络营销的效果。

7. 顾客关系

顾客关系对于开发顾客的长期价值具有至关重要的作用，以顾客关系为核心的营销方式成为企业创造和保持竞争优势的重要策略。网络营销为建立顾客关系、提高顾客满意度和顾客忠诚度提供了更为有效的手段。通过网络营销的交互性和良好的顾客服务手段来增进顾客关系，已成为网络营销取得长期效果的必要条件。

8．网上调研

网上调研具有调查周期短、成本低的特点。网上调研不仅为制定网络营销策略提供支持，也是整个市场研究活动的辅助手段之一。合理利用网上调研手段对于营销策略具有重要价值。网上调研与网络营销的其他职能具有同等地位，既可以依靠其他职能的支持而开展，也可以相对独立地进行。网上调研的结果反过来又可以为其他职能更好地发挥作用提供支持。

网络营销的各个职能之间相互促进，其最终效果是各个职能共同作用的结果。为了直观描述网络营销8个职能之间的关系，可以从其作用和效果方面进行大致的区分，其中的网站推广、信息发布、顾客关系、顾客服务和网上调研属于基础职能，主要表现为网络营销资源的投入和建立，而网络品牌、销售促进、销售渠道这3个职能则表现为网络营销的效果（包括直接效果和间接效果）。图1-1所示为网络营销职能的关系。

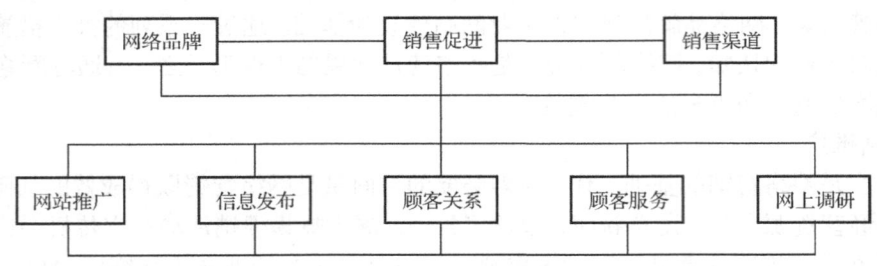

图 1-1　网络营销职能的关系

本书将从两个层面来体现网络营销的职能与各种网络营销方法之间的关系：一方面，以网络营销方法为主线，通过对主要的网络营销方法及其应用的介绍，体现各个网络营销的职能内容；另一方面，从网络营销实践与管理角度介绍网络营销8个职能的实现手段。通过这种多层次结构，使网络营销的方法和职能得以充分描述，以便于理论和实践的多方位结合，从而使读者能够加深对网络营销的理解。网络营销的8个职能表明，只有充分协调和发挥各个职能的作用，才能让网络营销的整体效益最大化。

小提示：网络营销的职能是通过各种网络营销方法来实现的，同一个职能的实现可能需要多种网络营销方法的共同作用，而同一种网络营销方法也可能适用于多个网络营销职能。

任务 1.2　网络营销思维

➡ 教学目标

1．能够理解并复述有效流量思维的核心内涵；
2．能够理解并复述目标分解思维的核心内涵；
3．能够理解并复述横向扩展思维的核心内涵；
4．能够理解并复述AB测试思维的核心内涵；
5．能够理解并复述产品思维的核心内涵。

案例引入

雕爷牛腩餐厅的网络营销思维

雕爷牛腩餐厅主打"轻奢餐"品牌。

明星产品定位：将产品和明星结合起来。牛腩是其主打的招牌产品，烹饪牛腩的秘方是从周星驰电影《食神》中的原型（香港食神戴龙）手中以500万元购得的。

神秘营销：未开业就制造神秘气氛。雕爷牛腩餐厅在开业前进行了半年的"封测期"，请京城各界数百位美食达人、影视明星前来试菜，圈内的明星皆以获得雕爷牛腩"封测邀请码"为荣。

特设新岗位制造新话题：餐厅CTO（首席体验官）。雕爷牛腩餐厅有一个独特岗位——CTO（首席体验官），餐厅CTO会从顾客的角度去感受餐厅的各种服务，通过顾客反馈的意见不断提高服务质量，并有权为顾客喜爱的一些甜点和小菜进行免单。

产品营销：好好讲故事。每道美食都有故事，如鲍鱼金汤牛腩面是因为戴龙在为某名人提供家宴料理时，有女眷不喜欢食咖喱和大块的牛腩肉，便烹制了这道面，其美味秘诀全在汤里。

茶水：免费高档茶水，无限续杯。雕爷牛腩餐厅为男性顾客提供西湖龙井、冻顶乌龙、茉莉香片、云南普洱四种茶水，不必付费。而女性顾客在餐厅能享受洛神玫瑰、薰衣草红茶、洋甘菊金莲花三种茶水，分别有美目、纤体和排毒之功效，同样不用付费，且可以无限续杯。

米饭：高档米，免费无限量续添。雕爷牛腩餐厅配送的米饭分别为在丹东移植的越光米，其口感嫩滑。从不施人工肥，只依靠水田中的螃蟹形成生态循环生长的蟹田糙米，以及拥有特殊茉莉香气的泰国香米，它们和牛腩混合后口味独特。

筷子：鸡翅木筷子，可以带回家。雕爷牛腩餐厅所用筷子甄选缅甸"鸡翅木"，并在上面用激光雕刻了"雕爷牛腩"的LOGO，这些筷子都是全新的，用餐完毕套上特制筷套，送给顾客作为纪念品。

此外，雕爷牛腩餐厅的刀和碗也都是在世界各地定制的。

在网络营销方面，雕爷牛腩餐厅通过微博进行引流，用微信做客户关系管理，形成了自己的粉丝文化，并配有专门团队每天进行舆情监测，针对问题持续进行优化与改进。

雕爷牛腩餐厅完美地诠释网络营销思维，先紧紧围绕用户的体验感受将其做到极致，然后用网络营销方式进行推广。

知识点：在做网络营销时，要时刻关注有效流量的核心思维；在工作中要明确目标，并对其进行分解和验证；单点深入和横向扩展是人们常用的思维方法；AB测试可以贯穿工作的始终，时刻进行对比筛选最优方案；无论是哪种推广模式都要紧贴产品所处的阶段。

网络营销思维

1.2.1 有效流量思维

做网络营销需要获得的是有效流量和实际的转化，有效流量是指会购买你的产品、持续使用你的产品、分享你的产品的流量。有效流量思维是指获取有效流量并带来实际转化的思维模式，是网络营销的核心思维。有效流量常见的三大认识误区如下。

1. 一味追求大的创意

盲目模仿成功案例，将其内容生搬硬套并不可取。

有一则关于小贩的笑话，张三卖枣，李四卖核桃，张三叫卖道"大枣子小核，小枣子无核"，不一会儿，售卖一空。李四一看这个叫卖好，于是他也叫卖道"大核桃小仁，小核桃无仁……"最后一个核桃都没卖出去。当然这是一个极端的故事，意在说明销售方式不可生搬硬套。

2. 制作自嗨的营销内容

制作一些自以为是（自嗨）的营销内容，例如，编一首谁也看不懂的诗，让用户不知所云，结果是对销售毫无作用。

3. 不做有效的数据分析

微博转发、微信阅读这些数据并不都是有效数据，企业需要明确通过一次微博推广能给网站带来多少点击量，这些人在网站上停留了多久，有多少人注册了网站，有多少人咨询了客服，有多少人进行了付款，这些数据能让企业知道宣传的转化率，对于这些目标数据的分析才是有效的数据分析，如图1-2所示。

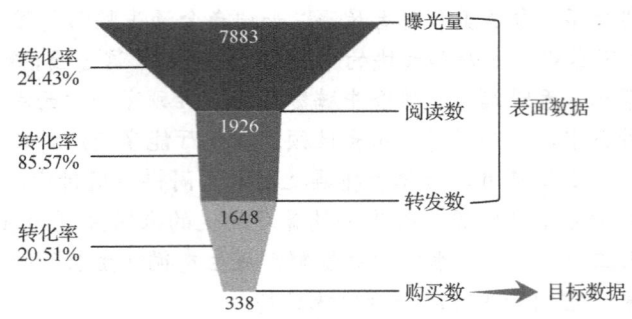

图1-2 网络营销的有效数据分析

1.2.2 目标分解验证思维

目标分解验证思维的内容如下。
（1）确定一个清晰的目标。
（2）对目标进行分解，使其成为人们可执行的事件。
（3）对目标进行反馈和验证。

1.2.3 横向扩展思维

在网络营销中，人们还需要具备单点深入，并横向扩展的思维能力。

案例引入

某公司做宣传活动，A使用微博渠道每天能带来1000个有效访问，由于推广的目标非常精准，所以这1000个人里有100个人进行了付款，付款转化率是10%。B在16个渠道里做宣传，预计带来超过1000万次的曝光，但是实际仅有两个人付款，这个转化率可以忽略不计。这个案例通过微博推广渠道的转化结果如图1-3所示。

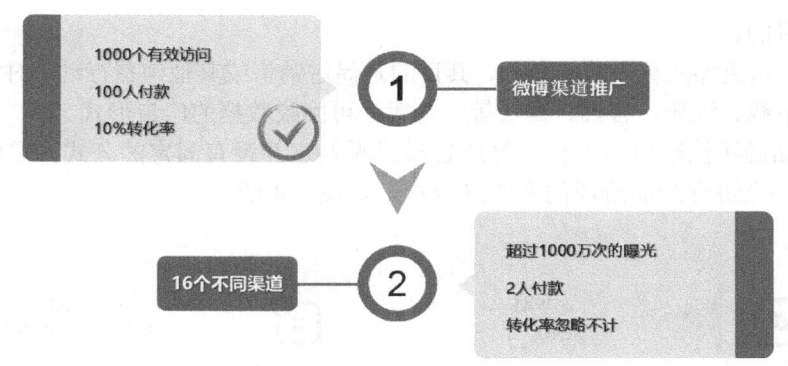

图 1-3　微博推广渠道的转化结果

可以看出，A 用微博渠道进行推广，由于目标较为明确，带来一定量的转化。而 B 的渠道和曝光量虽然很多，但并没有达到营销效果。因此，与其贪多求大，不如单点深入。

正确的推广流程：①对用户进行调查；②在了解用户需求的基础上制作推广内容；③选择推广渠道；④根据营销数据，有针对性地进行调整优化。

直通职场

网络营销的思维重点是先单点深入，再考虑向外辐射进行横向扩展。

1.2.4　AB 测试思维

AB 测试思维：在网络营销中，通常是指为 Web 或 App 界面或流程制作两个（A/B）或多个版本，在同一时间维度，分别让组成成分相同（相似）的访客群组随机访问这些版本，通过收集各群组的用户体验数据和业务数据，分析评估出最好的版本来正式采用。

AB 测试思维的使用场景如下。

（1）测试版本效果：通过收集用户对不同设计效果的反馈，为产品优化提供数据参考。例如，产品色调的选择，产品菜单窗口的取舍等，都可以通过给用户使用不同的方案，观察大多数用户的喜爱倾向，最终决定产品的设计风格。

（2）测试产品页面：对于产品的设计或文案内容，有时只要在布局排版上进行细微改变，就能产生意想不到的好效果，如将同一页面的不同版块进行左右或上下调换。这类问题在设计上没有孰优孰劣，只看用户的偏好，因此，借助 AB 测试可以让用户自己去抉择。

（3）测试文案内容：产品的文案内容贯穿产品的所有部分，小到图片配文和按钮文字，大到文章标题和版块主题，通过 AB 测试尝试变换文案的内容，以测试用户对不同方案的反馈。例如，将 App 中申请按钮上的文案从"现在申请"改为"立即申请"后，注册率便得到了显著提升。

（4）测试核心点：每次测试时保证只有一个变量，即只测试一个内容，如测试两个页面的转化率时，只选一个渠道进行测试才能测出准确的结果。

1.2.5　用产品思维选择广告模式

品牌广告：指在地铁站上或广告牌中的宣传内容，这类广告通常为了建立品牌形象，以树立某种观念为目的。

效果广告：指更加注重投放的效果，其目的是促进销售或其他消费行动。对它的衡量行为可以是单击、下载、注册、咨询、购买等，一般为可回收数据的广告形式。

那么在产品的不同阶段该如何选择广告模式呢？这并没有固定的公式，需要根据企业的情况、产品的特点进行产品阶段的多维度分析，如图1-4所示。

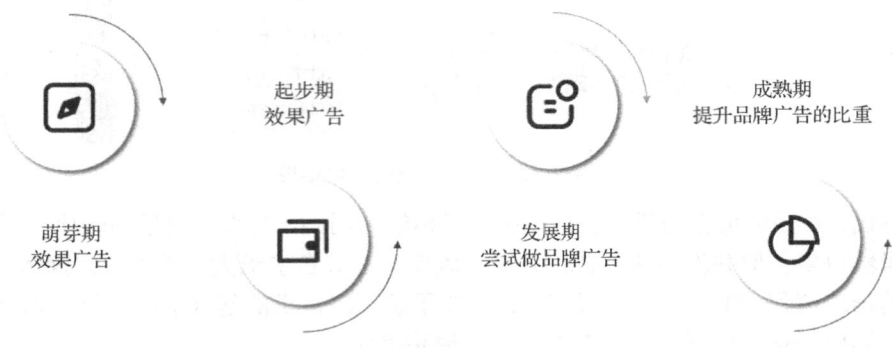

图1-4　产品阶段的多维度分析

直通职场

在产品萌芽期和起步期应做效果广告，通过使用带来的有效流量来评估其广告的质量效果。

在产品发展期可以尝试做品牌广告，前提是能评估出效果广告的流量已经达到最大值。

在产品成熟期，为了进一步扩大宣传，可以把品牌广告的比重加大一些，当然也需要看具体的产品和业务情况，如对于大众消费品，在地铁里投放品牌广告就较为合适。

任务1.3　网络营销步骤

教学目标

1. 掌握网络营销的工作流程；
2. 掌握网络营销中各阶段的工作重点和方法；
3. 能够正确展开用户调研工作；
4. 能够掌握制作营销内容的原则和方法；
5. 能够根据网络营销需求选择不同的推广渠道；
6. 能够根据数据反馈对营销内容进行调整。

案例导入

小米手机

● 小米手机的营销方式

建立门户网站。小米官方网站（以下简称网站）将公司的良好形象、经营理念、公司资讯、产品信息及服务信息做了全面的展示，并通过及时有效的信息发布与客户互动，在客户心中树立起良好的企业形象，为取得更好的社会及经济效益打下良好的基础。

网站充分考虑站内信息流量大、信息密度高、信息面广的特点，将信息服务进行有序的、实时的开发。同时，借助网站的互动能力广泛收集来自客户的反馈信息，并进行整理和分析加以充分融合，真正将信息服务提高一个档次。

"饥饿"营销。在小米手机正式发售后不久，就开始限制出售手机，使产品供不应求，达到控制市场的目的，利用消费者"得不到的才是最好的"的心理因素，有意降低产量，以期达到调控供求关系、制造供不应求的"假象"，以维持商品较高售价和利润率，同时也可达到维护品牌形象、提高产品附加值的目的。正是采用了这样的促销策略才会出现3小时销售10万台小米手机的最好业绩。

微博营销。除电视、报纸、杂志、广播这些传统的传播媒介外，微博营销被称为第五大传播媒介。小米手机在发布前，策划人员就开始与微博用户进行互动，令很多用户对小米手机产生兴趣。小米手机发布后，策划人员又发起了"发微博送手机"的活动，以及分享图文并茂的小米手机评测等。在小米手机发布前，总裁雷军每天发微博的数量控制在2~3条，但在小米手机发布后，他不仅利用自己的微博高密度宣传小米手机，还频繁参与新浪微访谈、腾讯微论坛、极客公园等活动。而雷军的朋友们也纷纷在微博里为小米手机造势，他们中的每一个人都拥有众多的粉丝，有着很好的影响力。

客户关系策略。为客户发布最新的产品信息及相关资讯，建立客户个人信息数据库，提供积分制服务，为其提供个性化服务，保持客户对公司后续产品的关注度。保持与客户的联系，及时对客户的请求做出反应，制作电子刊物和相关视频节目进行发放，保持客户良好的消费体验。

● 小米手机的销售渠道

线上销售。小米手机在分销渠道上采取电子渠道加物流公司合作的分销模式。首先，小米手机全部依靠小米的网络进行直销，避免了与实体店和分销商的利润分割、网络诈骗的发生和产生多余的成本，这种直销方式既能杜绝假冒商品，又有时尚感，能吸引年轻顾客的兴趣，同时更强化了自身品牌的影响力。其次，在库存和物流方面，小米手机利用其入资公司凡客的物流网进行发货。

出售合约机。小米手机一开始仅通过电商的形式销售，但在2011年12月20日之后，小米手机与中国联通达成协议一起出售合约手机，合约计划推出预存话费送手机和购机入网送话费两种方式，这又为小米手机的分销增加了新的渠道，使小米手机既能拥有更多的用户群，还能保持优惠的价格和便捷的服务。

电子商务销售模式。小米手机通过网络和运营商进行销售，中间省去了传统销售的诸多环节，节约了大量的人力和财力，在降低产品成本的同时还提高了产品的配置，使产品更具竞争力。通过对放货量的控制，造成市面上大面积缺货的现象，从而延长产品的生命周期。

通过评测吸引客户。人们在购买一款手机产品时往往会先去网站查询价格和配置等参数信息，小米手机还没有上市时，就在中关村在线、IT168等网站上推出的评测文章中，对小米手机从外观、功能、使用效果到内部元器件进行了详细的介绍，大多数客户会参考这些评测结果进行选择和购买。

据了解，小米手机在米聊论坛中创建了一个"荣誉开发组"，从中抽调一批活跃度相当高的客户（200~300人），他们会拿到手机软件的更新版本，与内部开发人员一起进行同步测试，发现问题随时修改。这样小米手机很好地借助外力解决了复杂的测试环节。同时，通过MIUI论坛、微博、论坛等进行营销，对发烧友级别的客户采取单点突破的策略，成功实现口碑营销，避免了电视广告、路牌广告等"烧钱"式的营销手段。

知识点：小米手机通过建立门户网站、"饥饿"营销、微博营销等多种网络营销方式和电子渠道加物流公司合作的分销模式，获得了很好的销售业绩，网络营销的工作流程分为用户调研、制作营销内容、选择推广渠道、数据反馈及优化调整4个环节。

网络营销步骤

1.3.1 用户调研

用户调研在产品的各个阶段都十分重要，并会随着用户的行为习惯、兴趣偏好、来源渠道，以及产品的更新迭代等变化持续跟进。

对于用户调研来说，产品可分为上线之前、投入市场、完善迭代、拓展产品4个阶段，如图1-5所示。每个阶段调研的关注点有所不同。

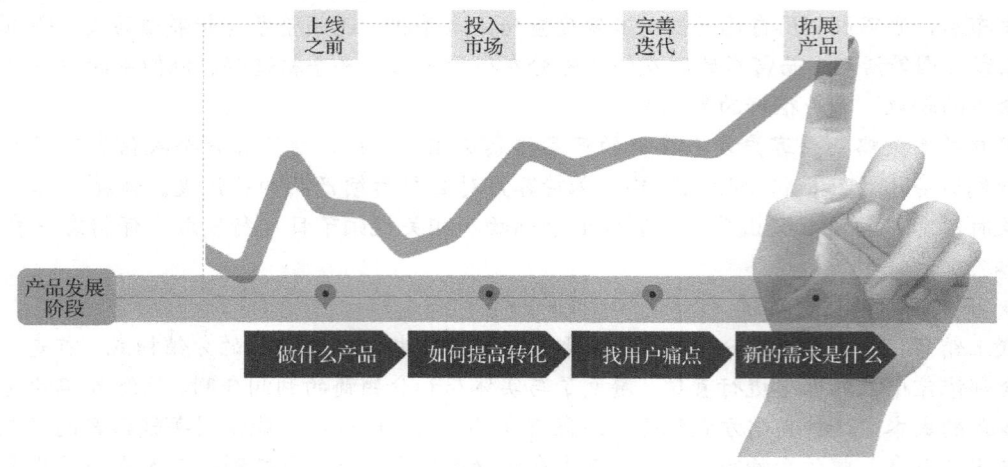

图1-5 用户调研的4个阶段

（1）上线之前阶段：调研的重点包括用户是谁、核心需求、活跃地区、产品价格，如图1-6所示。

图1-6 产品在上线之前需调研的重点

（2）投入市场阶段：调研的重点包括用户是谁（年龄、职业、收入）、核心卖点（购买目的、最需要什么）、被产品吸引的原因、产品价格是否合适。

（3）完善迭代阶段：调研的重点包括核心卖点（操作不便、功能缺失、内容调性、产品效果、产品交互、用户服务），从哪里认识产品（渠道），如图1-7所示。

图1-7 产品的核心卖点

（4）拓展产品阶段：调研的重点包括新用户、新需求、活跃渠道、产品价格。

直通职场

拓展产品阶段与新产品上线前的各阶段类似，还需要定义产品的新需要是什么、新用户是谁、活跃地区和产品价格。

1.3.2 制作营销内容

1. 制作营销内容的误区

（1）每天都在追求热点，以及10万次以上的转发量。
（2）将营销工作等同于最终文案。
（3）制作自嗨的营销内容。
（4）盲目追求流量数字。

2. 制作营销内容的原则和方法

（1）制作营销内容的原则。

制作营销内容需要根据用户发展的阶段进行。一般情况下，用户的发展阶段和产品的生命周期是联系在一起的，产品萌芽期几乎没有用户，也就是0用户阶段，随着产品的发展进入有一部分垂直用户阶段，紧接着是大量用户群体阶段，最后是内容产品化阶段，如图1-8所示。

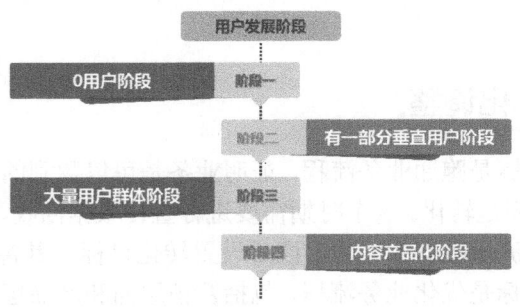

图1-8 用户的发展阶段

（2）各阶段制作营销内容的方法。

① 0 用户阶段：产品刚上线，需要以核心卖点为基础，只做一个点的内容，即只面向一类人群。为验证效果，可制作多版本内容，在同渠道进行数据测试。

② 有一部分垂直用户阶段：以核心人群为目标，制作面向核心人群的垂直内容。

③ 大量用户群体阶段：要做全面的营销内容。营销内容需面向不同的用户群体，由于用户群体中还会有不同的细分需求，应制作不同形式的内容，这时内容量非常大，针对这些内容要通过多种推广渠道开展营销工作。

④ 内容产品化阶段：筛选出营销效果最好的内容进行持续投放。

通过产品各阶段的特点，不断测试，筛选出最佳内容，作为产品化内容，并持续投放，形成有效积累。

1.3.3 选择推广渠道

选择推广渠道的误区包括一味求多、一味求热和不分阶段的情况，如图1-9所示。例如，把营销渠道和营销能力对等；哪个渠道炒得热就做哪个；在产品初级阶段就使用品牌宣传的方法等。

图1-9 推广渠道的误区

不同产品阶段，推广渠道的建设应有所侧重，具体内容如下。

（1）产品萌芽期，筛选有效渠道。

由于产品刚刚上线，需要快速筛选出容易获得有效流量的渠道。铺开宣传渠道，并从中筛选有效渠道。关注点包括多个渠道、用户质量、数据回收、快速见效。

（2）产品发展期，有效渠道要做专做精。

产品发展期要把少数渠道做专做精，用于持续带来有效流量。关注点包括核心渠道、用户质量、稳定引流、持续见效。

（3）产品成熟期，每个渠道都要做专做精。

产品成熟期的渠道建设是萌芽期和发展期的叠加，要求带来持续增加的流量，并通过推广渠道带来高质量用户。

1.3.4 数据反馈及优化调整

产品萌芽期的工作目标是跑通业务流程，证明业务是可以盈利的。关注点为宣传数据回收和宣传转化，其中的关键词是转化。这个时期需要进行宣传数据回收，并对流量来源进行监测，要具备设置监测链接获取流量数据的能力，同时设置转化目标，具备确定转化目标的能力。

产品发展期的工作目标是优化业务流程，包括营销层面和产品层面。关注点为宣传数据回收、营销转化、产品优化、自定义数据，其中的关键词是优化，通过宣传数据回收，得到有效数据并进行分析。

产品成熟期的工作目标是开源节流，使企业价值最大化。关注点为宣传数据回收、宣传转化、业务优化、挖掘新机会，其中的关键词是业务优化和挖掘新机会。

产品发展需要关注的 7 个优化点如图 1-10 所示。

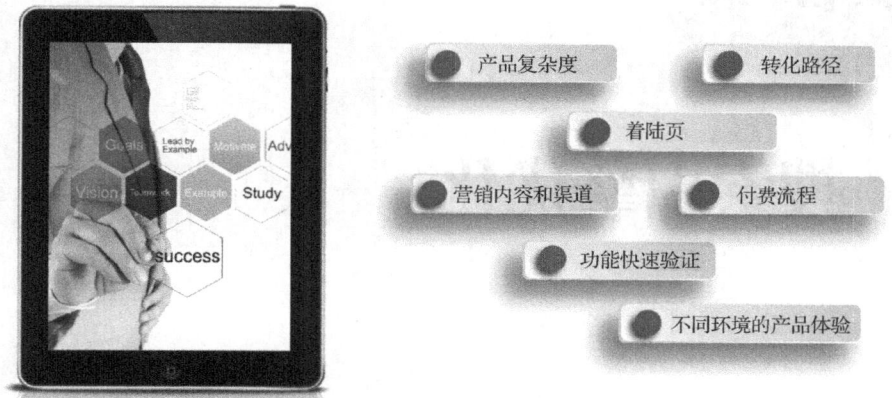

图 1-10　产品发展的优化点

根据各个渠道获取的数据，可以对产品优化提供很好的支撑。

任务 1.4　实训：建立学习博客

1. 实训背景

学生已经对网络营销的相关知识形成了基础认知，通过该实训活动，学生可以了解与体会企业网络营销的应用。

2. 实训任务

建立网络营销学习博客。

3. 实训步骤

（1）选择一个可注册博客站点的网站（相关网站如下），建立一个博客。请你用真实姓名注册，以便在后续的课程中不断优化并建立自己的品牌。

Google：www.google.cn

新浪网：blog.sina.com.cn

网易：www.blog.163.com

博客网：www.bokee.com

（2）在表中填写你的博客信息。

目　　录	信　　息
博客地址	
博客标题	

完成本次课的网络营销课程的学习笔记。

项目 2 搜索引擎优化

任务 2.1 搜索引擎优化的基础

教学目标

1. 了解搜索引擎优化的性质，体会其在网络营销中的作用；
2. 了解国内外主流搜索引擎；
3. 掌握搜索引擎的工作原理；
4. 了解用户的搜索浏览行为。

案例引入

案例：去哪儿网全渠道营销，展现量远超原计划

去哪儿网是全球最大的中文在线旅行网站之一，创立于 2005 年 2 月，总部在北京。去哪儿网可为消费者提供机票、酒店、会场、度假产品的实时搜索，并提供旅游产品团购及其他旅游信息服务，为旅游行业合作伙伴提供在线技术、移动技术解决方案。去哪儿网在 13 周年庆时推出了系列促销活动，产品主打国庆出行，包括度假、机票、酒店和门票等。

去哪儿网 13 周年活动的营销目标：

➤ 覆盖兴趣人群，提升去哪儿网 13 周年庆大促的声量。

➤ 锁定目标人群，导流 13 周年庆大促的页面。

通过百度 App 推荐频道和视频频道的大图样式进行投放，如图 2-1 和图 2-2 所示，以全渠道营销圈定各地域的去哪儿网核心人群及竞品、行业人群，做到了精准触达，最终的总展现量为 76 871 933 人次，总点击量为 510 925 人次，展现量超出原计划约 800 万人次，取得了非常好的营销效果。

摘自百度推广 http://e.baidu.com

搜索引擎优化的基础

图 2-1　去哪儿永不分离的主题

图 2-2　去哪儿都有朋友的主题

2.1.1　搜索引擎

搜索引擎指根据一定的策略，运用特定的计算机程序搜集互联网上的信息，并对信息进行组织和处理后，为用户提供检索服务的系统。它分为 4 类：全文搜索引擎、目录搜索引擎、元搜索引擎和非主流搜索引擎。

1. 全文搜索引擎

全文搜索引擎通过从互联网提取各个网站的信息（以网页文字为主），建立索引数据库，并能检索与用户查询条件相匹配的记录，按一定的排列顺序返回结果。

根据搜索结果来源的不同，全文搜索引擎可分为两类，一类拥有自己的检索程序（Indexer），俗称"蜘蛛"（Spider）程序或"机器人"（Robot）程序，能自建网页数据库，可直接从自身的数据库中调用搜索结果，如谷歌和百度；另一类则是租用其他搜索引擎的数据库，并需要重新定义格式排列搜索结果，如 Lycos。

2. 目录搜索引擎

目录搜索引擎并不能称之为真正的搜索引擎，它只是按目录分类的网站链接列表而已，用户可以按照目录分类找到所需的信息，不依靠关键词进行查询，如 Yahoo、新浪网、淘宝网、阿里巴巴。

3. 元搜索引擎

元搜索引擎接收用户查询请求后，可同时在多个搜索引擎上进行搜索，并将结果返回给用户，如 InfoSpace、Dogpile、Vivisimo。在搜索结果排列方面，有的直接按来源排列搜索结果，如 Dogpile；有的则按自定义的规则将结果重新排列组合，如 Vivisimo。

4. 非主流搜索引擎

（1）集合式搜索引擎：它与元搜索引擎的区别在于，并不同时调用多个搜索引擎进行搜索，而是由用户从提供的若干搜索引擎中选择，如 HotBot 在 2002 年推出的搜索引擎（该引擎已被 Lycos 收购）。

（2）门户搜索引擎：提供搜索服务，但自身既没有分类目录也没有网页数据库，其搜索结果完全来自其他搜索引擎，如 AOL Search、MSN Search。

（3）免费链接列表：提供简单的滚动链接条目，少部分有分类目录，但规模要比 Yahoo、新浪等目录索引小很多。

2.1.2 搜索引擎优化

搜索引擎优化（Search Engine Optimization，SEO）也叫关键词优化，是一种利用长期总结出的搜索引擎收录和排名规则，对网站进行程序、内容、版块、布局等的调整，使网站更容易被搜索引擎收录，在搜索引擎的相关关键词的排名中占据有利位置。

➡ 直通职场

搜索引擎优化师的职位描述如下。

1. 工作内容

（1）负责网站优化工作。

（2）负责品牌词、行业词、长尾词等关键词的挖掘、分析、选取及排名优化。

（3）制定公司官网及子网站的优化方案。

（4）负责网站的内容录入，提高网站的收录量。

（5）与第三方网站进行流量、数据或服务交换，以提高网站的流量和知名度，并负责增加网站的外部链接。

（6）配合网站营销推广、广告投放、市场合作等工作。

2. 工作要求

（1）有搜索引擎优化的从业经验。

（2）能独立制定优化方案，具有数据统计及分析能力。

（3）熟悉搜索引擎的原理，熟悉百度、谷歌等各大搜索引擎的算法。

（4）拥有广泛的网络营销资源。

（5）有一定的编辑能力。

（6）了解网站架构的基本原理，有简单的 HTML\CSS 编写能力，熟悉 HTML 代码优化。

（7）有较强的沟通、协调能力，责任心强，注重团队合作。

2.1.3 搜索引擎优化的重要性

1. 使用率高

绝大部分上网的人都会使用搜索引擎，甚至每天会用到数十次乃至上百次的搜索引擎。

2. 流量质量高

一般情况下，人们都是有明确需求时才会使用搜索引擎进行查找，因此这部分流量非常直接，如果你搜索茶杯，那么肯定是对茶杯感兴趣或想买茶杯，对于提供与茶杯相关产品的网站而言，客户就是最直接有效的流量。

3. 性价比高

做搜索引擎优化基本是免费的，相对于付费的营销推广，就算有成本价格也便宜得多。

4. 长期有效

搜索引擎优化是一个长期的过程，通过积累和优化能够带来持续有效的流量，只要有好的内容，即使以后不做搜索引擎优化了，稳定的流量仍然会持续。

课程讨论

比较百度与 Google 的搜索体验

根据自己的搜索体验，分析百度和 Google 所具有的优/缺点，建议从商业化程度、搜索信息质量等方面进行分析。

分 析 维 度	百　　度	Google
商业化程度		
搜索信息质量		
其他		

2.1.4　搜索引擎优化的工作原理

搜索引擎优化工作分为 3 个阶段，即爬行和抓取、预处理、排名，如图 2-3 所示。

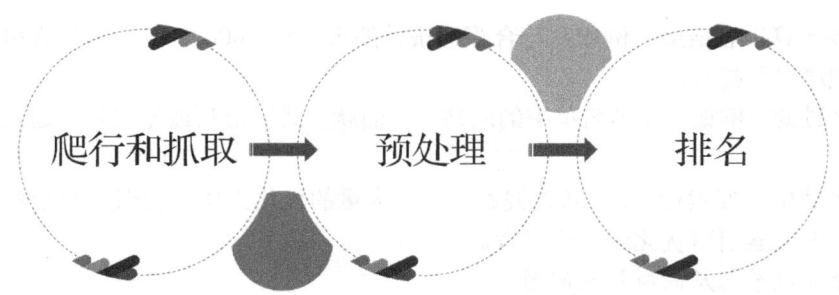

图 2-3　搜索引擎优化工作的 3 个阶段

1. 爬行和抓取

搜索引擎优化的目的是让网站内容被收录，当用户搜索相关内容时能让网站页面展现出来，从而带来更多的流量。这个阶段的工作是获取数据，不用管获取的内容，主要是将能抓取的内容都存储到数据库中。

搜索引擎用来爬行和抓取的程序叫蜘蛛（Spider）或机器人（Robot），也称爬虫。每家搜索引擎都有自己的爬虫程序，其作用类似用户浏览器的访问行为，通过浏览器登录网站，蜘蛛程序就会把访问页面的 HTML 代码存储到自己的数据库中。

2. 预处理

在抓取的基础上，对数据进行处理分析。由于抓取的内容很多，所以要对主要内容进行提取，具体方法如下。

（1）提取文字：提取页面上的主要内容包括页面的标题、某个链接中的文字、图片中的 ALT 属性等。

（2）中文分词：划分中文中的特殊部分，例如，如何治疗鼻炎，搜索结果中与如何、鼻炎、治疗鼻炎等词相匹配的内容页面也会出现。中文分词能对搜索内容进行划分，将中文分成比较短小的词。

（3）去停止词：停止词就是没用的词。例如，教大家如何治疗啊，搜索引擎就会将"啊"去掉，让内容更加精确。

（4）消除噪声：将页面中不相关的内容去掉，如广告、每个页面中的加入我们、备案信息等，这些信息对于页面内容来言就属于噪声，会被去掉。

（5）去重：当爬虫搜到很多人的博客文章时，这些文章有原创的、有转载的，搜索引擎可以通过算法判定，将两篇相似度很高的文章去掉一个权重低的。

（6）提取关键词，建立索引：依据前面的方法将关键词处理后提取出来存到数据库里，建立一个索引。例如，在一篇介绍网络营销技巧的文章中会有搜索引擎优化、网络营销、网络推广等关键词，它们都对应这篇文章，这就是索引的概念。

3. 排名

在用户有搜索行为时才会进行排名，具体方法如下。

（1）搜索词处理：通过搜索引擎爬取数据，并存到数据库中。用户进行搜索时，搜索引擎就会对关键词进行分词等处理。

（2）页面匹配：在数据库中根据关键词进行文件或页面的匹配，匹配到的页面就是初步筛选的结果。

（3）初步计算排名结果：例如，符合筛选条件的页面有 2000 个，根据搜索引擎的排名规则，可按照顺序进行排列。

（4）排名过滤：例如，在黑名单中的网站、页面就会排名靠后或不显示。通过过滤显示最终结果。

用户一个简单的搜索行为，先通过搜索引擎做大量的优化工作，再把信息呈现给搜索用户，这是一个复杂的搜索引擎优化的工作过程。

注意：页面权重与反向链接的问题。

页面权重指页面相对于搜索引擎来说的重要程度，越重要的页面，其权重越高，当然在搜索引擎中的排名也就越靠前。每个搜索引擎都会对页面进行权重的评级，其中较著名的是谷歌 PR（Google PageRank）值，谷歌 PR 值用于表示页面的重要性。搜索引擎优化比较关注百度的 PR 值，因为企业主要面对国内的用户，一般做国内的产品对于百度 PR 值会比较重视，如果做海外的产品，或者是跨境电商，则对谷歌 PR 值比较在意。

PR 值为 0～10 分，其中 10 分最高，0 分最低。很多在线工具都可以查网站的 PR 值。评判 PR 值的标准是网站的反向链接越多，说明这个网站越重要，PR 值越高。反向链接是一个新的概念，从其他地方指向这个网站的链接就称反向链接。例如，A 网站，当新浪微博上有链接指向 A 网站，知乎上有链接指向 A 网站，豆瓣上有链接指向 A 网站时，这种链接就叫反向链接。指向 A 网站的外部链接越多，说明 A 网站越重要，其 PR 值就越高，如图 2-4 所示。当然这个链接一定是优质的反向链接，否则若有 100 个盗版网站指向 A 网站，也会造成 PR 值很低。

图 2-4 页面权重与反向链接

在搜索引擎优化中，一项重要的内容就是提升页面权重时，要尽可能多地增加优质的反向链接，以提升最终的搜索排名。

任务 2.2 关键词的选择

教学目标

1．了解关键词的作用与研究价值；
2．了解关键词的选择原则；
3．了解长尾关键词的概念与价值；
4．了解预估流量的概念、步骤和影响因素；
5．了解预估价值的一般步骤。

2.2.1 关键词的研究

1．关键词的作用

用户通过关键词搜索网站和页面时，网站必须有对应的关键词被搜索引擎抓取并收录，这样的搜索结果才能给网站带来流量，如图 2-5 所示。

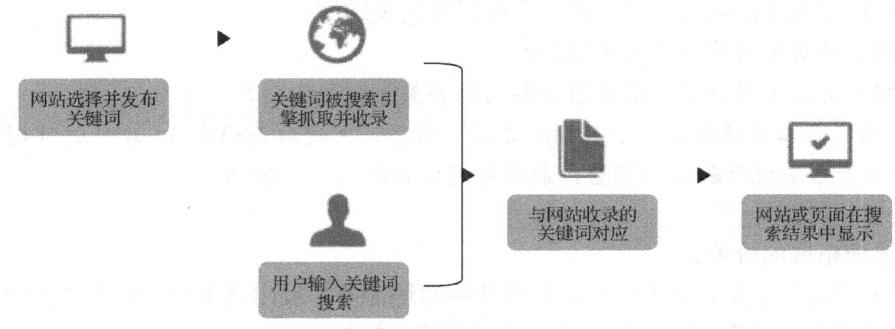

图 2-5 关键词的作用

2. 研究关键词的意义

（1）降低搜索引擎优化的难度。选择关键词时需要根据百度搜索的数据，但又不能选择过热的词，如选关键词"网络营销"，就会有大量付费的推广排在前面，想把这个词通过免费的搜索引擎优化做到排名靠前是非常困难的，同样也不会有很好的效果。

（2）获得更多的有效流量。通过研究分析就可找到比较精确的词，来获取直接有效的流量。例如，律师事务所的网站，如果用"律师"做关键词，会不清楚用户搜索的目的是要学习律师行业的相关资料，还是要找律师。如果设置"上海律师"这个关键词，就会把一批无效的搜索量去除掉。如果设置"上海经济律师"为关键词就会更加精确，这就是研究关键词的用处。

（3）发现新机会。每个人的想法都有局限性，通过研究可发现哪些关键词比较有效，能够获取更多的信息，能在百度搜索中产生关联搜索的效果。

2.2.2 关键词的选择

1. 选择关键词的原则

（1）与内容相关。这个比较直接，就是要选择和自己的业务、产品、服务关系紧密的词。如果你做律师行业就不能用"健身"作为关键词，而应该选择与律师行业相关的内容。

关键词的选择

（2）搜索次数多，但竞争小。这个说法应该是矛盾的，主要是要找到一个平衡点。搜索的次数太少，没有意义，而搜索次数太多，竞争又太激烈。这个没有固定的答案，只能根据自己的具体情况选择最合适的关键词。

（3）不能太笼统。关键词太宽泛，一般不会搜索到结果，提升排名的可能性也会较小。如果你做科技类的资讯，关键词就不能选"新闻"，因为大量知名的网站都有新闻的内容。

（4）不能太特殊。在关键词上加入自己的品牌或公司名称，如果用户对公司的名称和品牌不了解则无法搜索到这些信息。

2. 选择关键词的步骤

选择关键词时一般按照确定核心关键词、关键词拓展、关键词的分布3个步骤完成。

（1）确定核心关键词。

这是最难的一个步骤。在确定关键词时，首先要问自己以下几个问题，而且必须有明确的答案。

① 你的网站或产品能解决什么问题？

② 用户遇到问题会如何搜索？

③ 用户在寻找你的网站或产品时，会使用什么关键词？

④ 你的竞争对手会使用什么关键词？

⑤ 使用关键词工具查看搜索次数较多的相关关键词有哪些？

注意： 确定核心关键词是一个长期的过程，回答完问题后先确定 3~6 个关键词，然后再经过 AB 测试等方法进行验证和调整，最后确定适合的核心关键词。

（2）关键词拓展。

① 关键词拓展的价值。

确定核心关键词之后，对于有一定规模的网站还需要拓展出几十个到几千个关键词。这样就能够获取更多核心关键词之外的搜索流量，以增加被搜索到的概率。

② 关键词拓展的方法。

关键词拓展的方法如下。

使用关键词工具，如 Google 关键词工具、百度指数等。

参考搜索建议，即搜索框的提示。在搜索一个词时，百度输入框出现下拉提示词，这些提示词就是用户搜索比较多的关联词。在百度搜索"电子商务培训"时，就可以看到搜索框中的提示，这些提示都是用户搜索较多的词句，都可作为拓展关键词的相关搜索。例如，用百度搜索"减肥"，就会看到相关的搜索词。

利用同义词、相关词、错别字。如减肥类的网站，针灸减肥、健身减肥等就是同义词。网络营销培训类的网站，网络运营就是相关词。错别字可以用各种输入法进行测试，经常打错的字也可以用作拓展关键词，如"淘宝"和"掏宝"。

补充说明文字。如旅游类的网站，就可以把旅游的子分类，如泰国旅游、日本旅游加入到关键词中，这些就是补充说明文字的关键词。另外，品牌、所在地等信息也可以作为拓展词，通常 3~4 个核心关键词可以拓展出几十至几百个关键词。

（3）关键词的分布。

将核心关键词和拓展关键词根据其重要程度进行分布，如核心关键词要放在首页或重要的频道页面，再加上少量拓展关键词，而一些不太重要的页面，如子频道、分栏目等，可将一些拓展关键词放在内容里面。

关键词分布时，不能把搜索的关键词放在所有页面中。关键词太多会被搜索引擎认定没有重点，这对于收录和处理排名都是不利的。

总结：先通过搜索工具和测试等把核心关键词确定了，然后拓展关键词，最后按照具体的网站结构将关键词分布到页面中。

课堂讨论

选择关键词的任务产出模板

第1阶段	确定核心关键词					
回答5个问题	你的网站或产品能解决什么问题	用户遇到问题会如何搜索	用户在寻找你的网站或产品时，会使用什么关键词	你的竞争对手会使用什么关键词	使用关键词工具查看搜索次数较多的相关关键词有哪些
核心关键词	填写3~6个核心关键词				
第2阶段	关键词拓展				
分工拓展	关键词工具	搜索框提示	相关搜索	同义词、相关词、错别字	补充说明文字
整理成果	填写采用相应方法拓展出的关键词				
第3阶段	关键词分布				
分布原则	请说明你在分布关键词时的思考				
首页网址					

续表

关键词	请填写分布在此页面的关键词
页面网址	
关键词	请填写分布在此页面的关键词
页面网址	
关键词	请填写分布在此页面的关键词

2.2.3 长尾关键词

1. 长尾理论

长尾理论的概念理解起来比较抽象,下面从关键字出发来理解长尾理论。

2. 长尾理论的模型

图 2-6 所示包括主流需求和长尾需求,在一定的条件下(如小众需求满足的成本非常低),长尾需求总量所带来的价值甚至会超过主流需求。

只有渠道足够大,非主流的、需求量小的商品销量也能够和主流的、需求量大的商品销量相匹配。

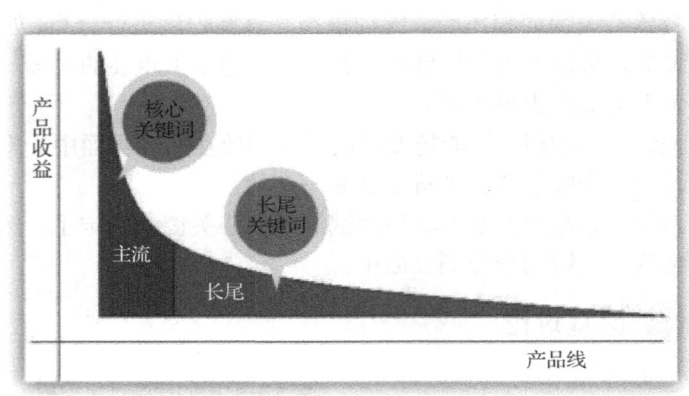

图 2-6 长尾理论的模型

主流需求对应的是核心关键词,长尾需求对应的是长尾关键词。

3. 长尾关键词的特点

在搜索引擎优化的过程中,不仅要关注核心的关键词,其他很多相关的关键词虽然搜索量很小,但它们关联的关键词数量有很多,叠加在一起,整个搜索量就会变得很大,甚至能超过一些核心关键词的量,这些搜索量小的相关的关键词就是长尾关键词。

长尾关键词的搜索内容非常具体,如国际旅游类的网站,出境游就是核心关键字,去越南旅游要注意哪些事项,这个是明显的长尾关键词,虽然这类搜索量和"旅游"这个关键词比较起来显得太小,但是会有很多类似的内容,如去泰国旅游要注意哪些事项等,这类小众关键词每个搜索量都不大,但是全部加起来的数量就是非常可观的,同样能带来很大的流量。

注意:有些产品不适合做长尾关键词,如企业宣传的网站做长尾关键词就没有意义。而社区、论坛的网站就适合做长尾关键词,如知乎。

2.2.4 预估流量及价值

1. 预估流量及价值的意义

关键词确定之后，需要预估这些关键词能带来多少流量和价值，以评估搜索引擎优化是否值得去做。若是个人网站，如没有商业目标的个人博客，就不需要做预估流量和价值。

2. 预估流量的方法

对主要的关键词进行流量预估并求和。对每个关键词能带来多少流量可先根据一定的参考进行估算，再综合起来预估关键词能带来的流量总和。

注意： 长尾关键词也能带来可观的流量，但这不是预估工作要做的，因为它带来的流量是无法预估的。

以"健身"这个关键词为例，预计经过优化之后，这个关键词的排名能够达到第 10 位，如图 2-7 和图 2-8 所示。下面就来测算一下这个关键词能带来的流量是多少。

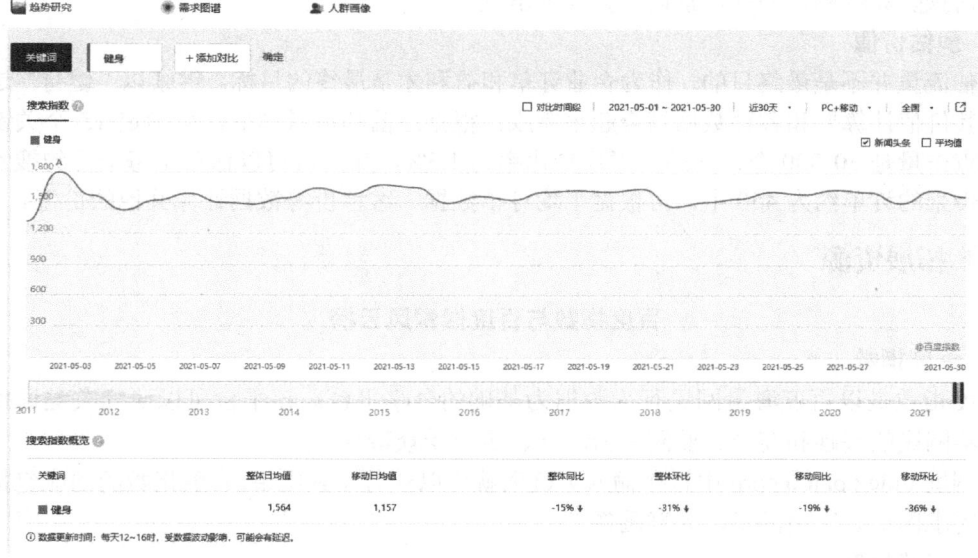

图 2-7　搜索指数概况

页面设置	点击量	占点击总数比例
1	2 075 765	42.10%
2	586 100	11.90%
3	418 643	8.50%
4	298 532	6.10%
5	242 169	4.90%
6	199 541	4.10%
7	188 080	3.40%
8	148 489	3.00%
9	147 551	3.00%
10	140 358	2.80%

图 2-8　预估排名

首先，观察国内近一个月的这个关键词的日均搜索量，通过百度指数可以查询近一个月的"健身"搜索指数，平均每天约 3000 个搜索量，每个月的总量约 90 000 个。

其次，观察搜索结果的点击率，预计的优化结果排在这个网站的第 10 位，那么根据相关参数计算能够达到多少点击率。这样可以大概计算出每个月能给网站带来的点击量是 90 000×3%= 2700。只要排名靠前都同样可以计算出大概的点击量，再根据百度的市场份额，就可以进一步计算出这个关键词能带来的流量总量。

流量预估的其他因素。除根据百度指数的数据进行预估，用比较简单的数学方法进行叠加外，还有其他的干扰因素，具体内容如下。

（1）长期趋势。根据行业、产业、社会环境等因素的影响，如现在搜索 iPhoneX 处理的一些问题就越来越多。

（2）季节性波动。在年底时，"跳槽"这个词会出现高峰期，到 5 月时则会降到低点。

（3）社会热点。社会热点出现时，会对流量的预估产生非常大的影响，如禽流感流行时，搜索如何预防禽流感传播等搜索词就会大量出现。

3. 预估价值

预估流量并不是最终目的，作为企业订单和盈利才是最终的目标。继续以"健身"这个词为例，其价值计算要和各种数据结合起来完成。根据之前的流量预估，可确定 15 个关键词能带来的点击量是 30 000 个，网站的平均转化率为 1.5%，那么就可以估算出每个月的搜索引擎优化所带来的订单约为 450 个，再根据平均订单数据、客单价等数据计算其他的价值。

拓展资源

百度指数与百度搜索风云榜

1. 百度指数

百度指数是以百度海量网民行为数据为基础的分享平台。该平台可以研究关键词搜索趋势、洞察网民的兴趣和需求、监测舆情动向、定位受众特征。

在网址 index.baidu.com 中直接输入关键词就可以查看搜索结果。百度指数的功能包括趋势研究、需求图谱、舆情洞察、人群画像。

（1）趋势研究

关键词搜索的趋势可以说明这个关键词的搜索热度。它分为 PC 端趋势数据和移动端趋势数据，用以指导搜索引擎优化的载体方向。

（2）需求图谱

需求图谱是以搜索的关键词为中心，研究与其相关词的搜索趋势。图谱中球的大小体现搜索指数，球的颜色代表趋势是上升还是下降。通过这个数据可以在确定关键词时进行参考。

（3）舆情洞察

舆情洞察主要用于其内容与社会热点相关时可以参考的数据，对于内容优化方面具有参考价值。

（4）人群画像

对百度搜索对应关键词的人群进行分析，如哪个区域的搜索用户最多、搜索用户的属性和年龄阶段、性别分布情况。根据人群画像可以考虑优化关键词，以及所适合的人群等因素。

2. 百度搜索风云榜

百度搜索风云榜可以提供同自己所处行业相关的搜索数据和信息，做搜索引擎优化时能有一个参考。它的网址是 http://top.baidu.com。

任务 2.3　搜索引擎优化的方向

教学目标

1. 了解搜索引擎优化的方向；
2. 了解网站结构优化与页面优化的相关内容；
3. 了解网站链接结构设计的注意事项；
4. 了解清晰导航的重要性；
5. 了解子域名和链接目录的概念与区别；
6. 了解禁止收录机制的方法。

搜索引擎优化的方向

2.3.1　网站诊断

网站诊断是做搜索引擎优化的准备工作，通过诊断能发现网站的问题和不足，并进行解决和改进。

在网站开发时，一般不会考虑搜索引擎优化的工作，都是基本功能完成后才会考虑优化。然而网站的哪些方面能够开始优化，以及哪些方面需要优化，则需要通过对网站的诊断来发现。

网站诊断的方法具体如下。

（1）收录量诊断

计算网站页面收录比例。查看收录量就是利用 site 指令查看网站的收录页面，计算其占总页面的百分比。当然计算占比的前提是要能够获取网站的总页面数量，收录页面占总页面的百分比越高，说明网站被收录的内容越多。

以重庆博物馆为例，在百度搜索 site:cmnh.org.cn，发现该网站有 816 个收录页面，然后管理员就可以根据页面总量的数量计算出收录率是多少了。如果该网站共有 3500 个页面，就可以计算出收录比例（约为 23%）。这个收录率偏低一些，需要进行优化。

继续分析收录率偏低的原因，如图 2-9 所示。

图 2-9　分析收录问题

① 是否和 robots.txt 文件有关。

robots 文件是网站开发者写的文档，用来规定爬虫可以爬网站的哪些内容，如果爬虫爬了定义不让搜索的某些页面，就会无法获取相关数据，这些页面也都不会被收录。

② 网站的页面逻辑是否混乱。网站的页面逻辑比较清晰，导航做得比较好，对于搜索引擎爬虫来说就会比较友好，数据抓取顺畅，页面的收录量也会比较多。如果网站结构凌乱，搜索引擎爬虫爬的效果不好，就会影响收录量。

③ 其他原因。如果网页上垃圾信息太多，网站有作弊被惩罚、被降权的情况，都会导致收录率降低。

（2）站长工具诊断

常用的站长工具包括 Google Webmasters、百度站长工具、站长之家。

利用站长工具进行诊断的内容非常全面，能够直观地发现网站的各类问题，找到可以优化的地方，指导后面的优化工作。

例如，对 HTML 进行改进，站长工具会给出很多网页在代码问题上的改进方法，网站链接会提供一些类似的情况用于参考。对于网站上通过搜索引擎带来的流量和词都有助于做一些分析。

总体来说，数据监控能够诊断分析网站的各种数据，可以根据数据结果及诊断结果进行优化改进；优化和维护部分可通过链接分析站内死链和外链的数据问题进行优化改进。

使用站长工具必须有自己的网站，即验证网站的所有权，否则无法检测网站的数据。

2.3.2 搜索引擎优化工作的内容

搜索引擎优化工作的两大方向：站内优化和站外优化。不管是站内优化还是站外优化，最主要的优化参考标准就是网站诊断和关键词，网站诊断的结果是明确优化方向，关键词是优化工作围绕的核心。

站内优化的主要工作包括网站结构优化和页面优化。页面优化指对页面的关键词、核心内容，以及页面标签进行改进，这些都是对页面 HTML 本身的优化。对于搜索引擎来说网站结构的优化更为重要。

网站结构优化的具体内容包括网站链接结构、网站导航、子域名和链接目录、禁止收录机制、网站内部优化、网站外部链接优化。

网站外部链接优化的主要工作是指外部链接的建设，即友情链接。友情链接建设的主要目的是提升网站的 PR 值，以增加收录量，提升搜索结果的排名。站外优化是向外合作，相对于站内优化来说不太可控。

2.3.3 网站链接结构

1. 网站链接结构的概念

通过网站域名进入首页，首页中由导航对应每个栏目，有些栏目的下一级直接对应多个页面，或者是子栏目，由子栏目对应具体页面。例如，搜狐首页有顶端导航条，包括新闻、体育、娱乐、文学等栏目，这些导航会将用户引到不同的子栏目中。这就是一个常规网站的链接结构，通过所有的页面链接可构成一个网络图。

2. 网站链接结构的设计原理

大部分网站采用的链接结构都是树形结构，搜索引擎爬虫可以从树的顶端顺着内部链接访问到具体的页面。常见的网站从首页开始跳转 6 次以内，就可以通过内部链接到达任何页面。大型网站跳转次数会比较多，而中小型的网站通过内部链接到达最终页面的跳转次数不宜超过 4 次，若跳转次数太多，则说明网站的导航做得不好，逻辑不够清晰。

网站的权重会影响爬虫爬取的深度。权重和 PR 值比较高的网站，爬虫会爬得比较深。如果一个新网站，其权重值非常低，爬虫爬到第 3 次或第 4 次就不会继续爬了。因为爬虫觉得这个网站权重不高，没必要爬那么深，所以不要把网站的页面结构藏得太深。

爬虫爬取网站链接有两种策略，即深度优先策略和广度优先策略。深度优先策略是爬虫首先从首页爬栏目一，一直爬完栏目中所有的页面后再退回去，然后爬栏目二。深度优先策略是先将一条线走到头，再去爬其他的。

广度优先策略是先把第一层的同层级链接都访问完，再开始爬向更深一层的路径。爬虫来到首页，先爬栏目一、栏目二、栏目三、栏目四，将这 4 个栏目的页面都爬完后，再接着往下一层页面爬。

注意：爬虫使用哪种策略是不确定的。每个网站的搜索引擎使用什么样的策略并没有明确的定义，一般这两种策略都会使用。

2.3.4 网站导航

1. 网站导航的作用

首先，根据导航能清晰地知道网站的结构。对于新用户来说，根据网站首页的导航就能清楚地知道网站的结构，即网站有哪些模块、子模块及其功能。

其次，用户体验好。因为结构清晰的网站将类别划分得井井有条，用户来到这儿知道有哪些模块，每个模块都是干什么的，所以用户访问浏览网站的体验就会很好。

最后，有利于搜索引擎优化。一个好的导航设计能够清晰地体现出网站的链接结构，爬虫来到网站的首页，就可以直接根据导航爬到所有的页面，非常有利于搜索引擎优化。如果网站的导航分类不清，爬虫找数据很不方便，就会导致有些页面无法爬取到。

2. 页头导航

一个好的页头导航能完成 80%以上的功能操作，以 vipjr（https://www.vipjr.com）为例，进入首页，对于用户来说，需要了解的内容包括有哪些课程、师资力量如何、寻找相关的课程、报名课程等。对于这个网站来说，页头部分加上首页的内容基本上就能让用户完成这些事情，网站的页头导航也比较清晰简单。对于搜索引擎爬虫来说，根据首页导航上的这些链接，就能到达网站的大多数链接频道和页面。

3. 面包屑导航

由于很多页面的栏目内容较多，网站就采用面包屑导航来解决这个问题，如微博、淘宝网、京东商城、汽车之家等。面包屑导航能告诉用户所在网站中的位置及如何返回。

以汽车之家为例，当进入一个很深的页面时，用户通过面包屑导航就可以知道，通过哪几层可以得到更详细的页面，同时会告知用户所在的位置。对于搜索引擎爬虫来说，可根据面包屑导航一层一层爬进来，返回时的路径也非常清晰。

这两种导航形式，一种是全站的页头导航，一定要结构非常清晰；另外一种是具体页面的面包屑导航。对于中型或大型网站，由于页面较多，使用面包屑导航可以让网站结构更加清晰。

2.3.5 子域名和链接目录

1. 子域名

子域名又称二级域名，一般是在主域名前面再加一个二级域名的地址。例如，zbj.com 是主域名，www.zbj.com 是子域名，不过这个子域名比较特殊。一般情况下，www 开头的子域名也可看成主域名，相当于 zbj.com。如图 2-10 所示。

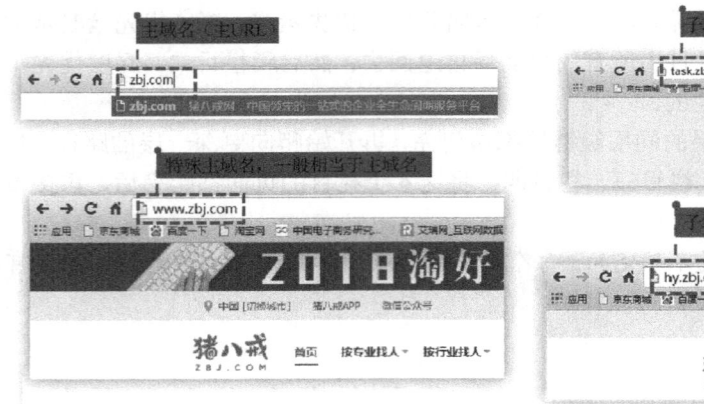

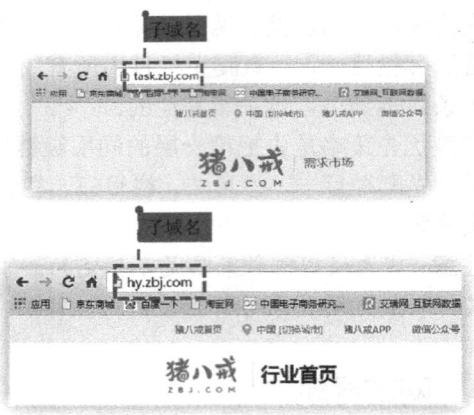

图 2-10　子域名

2. 链接目录

在域名下以子目录形式存在的链接结构就是链接目录。例如，www.douban.com 是子域名，也相当于主域名。www.douban.com/time 就是主域名下的一个子目录，即链接目录，如图 2-11 所示。

图 2-11　链接目录

3. 两种形式的区别

这两种形式的区别主要在搜索引擎优化的效果上。使用子域名方式，爬虫会将其视为一个独立的站点。使用链接目录方式，爬虫会将其视为一部分，而不是独立的站点。独立站点的权重相对高，使用子域名方式，需要进行搜索引擎优化的两部分工作，一部分是子域名，另一部分是主域名。如果使用链接目录方式，因其本身属于主域名的一部分，直接做搜索引擎优化中主域名部分的工作即可。

4. 两种形式的使用参考

当网站内容足够多时，可采用子域名方式，如新浪的各种频道（新闻、体育、财经），使用子域名会显得网站更加专业，地域性服务的网站也会使用子域名。大公司的不同产品线，如百度的很多产品线之间并没有太强的相关性，所以都用各自的子域名，互相不干涉。

当中小型网站的内容足够多时，使用链接目录方式就可以了。对于内容差别不大，只是有分类差别的网站，也可采用链接目录方式。一般中小型网站做临时活动时，需要用到一些页面和功能，也可以直接采用链接目录方式。

参考以上原则时，还要根据具体情况进行综合考虑。

2.3.6 禁止收录机制

1. 禁止收录机制的价值和方法

如果网站上有些内容是不方便公开显示的，就要用这个机制进行限制，以避免爬虫爬到页面并在搜索引擎中公开展示，如付费内容、测试期未正式发布的内容、网站内部使用的资料等。在网站中可以加一个 robots.txt 文件，或者采用 mate robots HTML 标签，在文件中定义禁止搜索引擎爬虫的爬取内容。

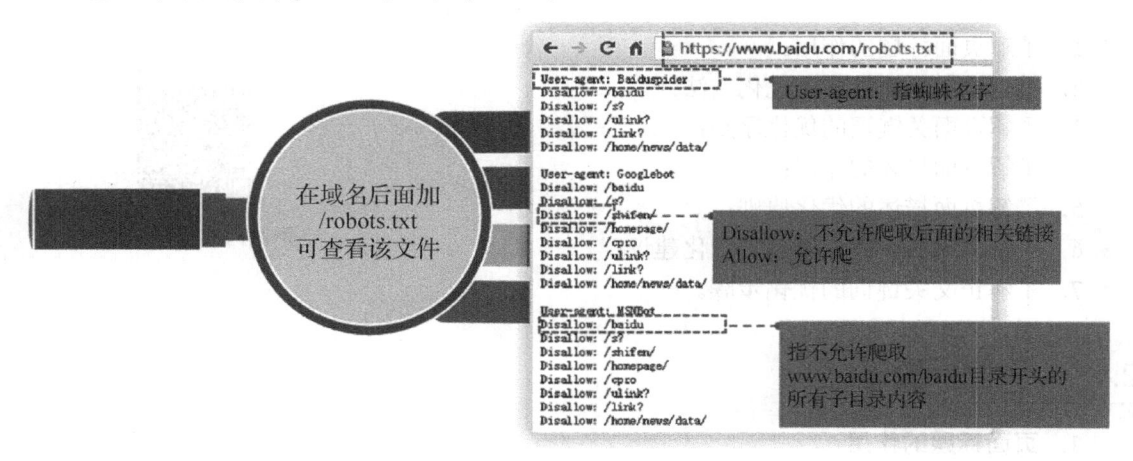

2. 利用 robots.txt 文件实现禁止收录

robots.txt 文件一般存放于网站的根目录下，以百度为例，直接通过网址 www.baidu.com/robots.txt 就可以访问到，这是一个 txt 纯文本，每一行都写了一些信息，用于告知爬虫禁止或允许爬取的内容。

图 2-12 所示的百度 robots.txt 文件中，User-agent 指爬虫的名字，Disallow 表示不允许爬取，Allow 表示允许爬取。该文件的内容是百度蜘蛛不许爬取 www.baidu.com/baidu、/s?、/ulink?、/link?、/home/news/data/ 后面的所有相关链接。

注意：每家搜索引擎爬虫的名字都不一样。

图 2-12 利用 robots.txt 文件实现禁止收录

对于中小型网站除某些敏感信息不允许爬虫爬取外，大多数情况是允许爬虫爬取的，写 robots.txt 文件的方法如下。

User-agent:*表示可以匹配任意的搜索引擎爬虫，其中，星号是通配符。Disallow:/表示凡是域名后面所有页面的链接都禁止爬虫爬取。Disallow:空（什么都不写）表示允许所有搜索引擎爬虫爬取任何内容。如果有个别页面不允许爬虫爬取，可以通过验证身份等后台技术手段实现。

3. 利用 meta robots HTML 标签实现禁止收录

这个标签是放在页面文档 HTML 头部的一段代码，当爬虫在页面上看到这条信息时，就会按照要求执行对网站的爬取。

在 meta 标签中，name 是 robots 标签的名字，content 是指 robots 标签的内容，若加了 noindex 就是不让爬虫索引这个页面，爬虫的工作过程就是根据关键字对页面进行索引的。

nofollow 表示不要跟踪该页面上的链接，当搜索引擎爬虫爬到这个页面时，若还有其他链接，爬虫是不会接着往更深一层进行爬取的。

noarchive 表示不显示百度快照。由于百度会定期地出来爬取，就相当于给网站拍张照片存下来，对不同的网站百度快照更新的频次是不一样的。

在这个标签中 noarchive 用得比较少，noindex 和 nofollow 用得比较多。

4. robots.txt 文件和 meta robots HTML 标签的区别

如果不允许爬虫爬取某些信息，是使用 robots.txt 文件的方式，还是使用 meta robots HTML 标签的方式呢？

robots.txt 文件禁止的内容是不会被抓取和收录的。使用 meta robots HTML 标签时，页面会被抓取，但因做了限制，其不会被索引，也不会出现在搜索结果页面中。如果个别页面不允许显示，就可以利用技术添加 meta robots HTML 标签。当网站的内容非常多，有大量子目录不允许搜索引擎爬取时，就可以使用 robots.txt 文件方式。

任务 2.4　网站内部优化

教学目标

1．了解页面标题的作用；
2．重点掌握页面标题的优化方法；
3．了解页面关键词的优化原则；
4．了解页面描述的作用；
5．了解页面描述的优化原则；
6．了解常见的代码标签及其优化建议；
7．了解正文关键词的优化步骤。

网站内部优化（1）

2.4.1　页面标题优化

1. 页面标题的作用

页面标题使用的 title 标签是页面 HTML 中非常基础的一个标签，它会成对出现。页面的标题写在 title 标签之间，是页面优化中最重要的一个因素。如图 2-13 所示，先在搜索结果中显示页面标题，再到审查元素中查看，可以看到 title 和搜索到的页面标题结果是一样的。

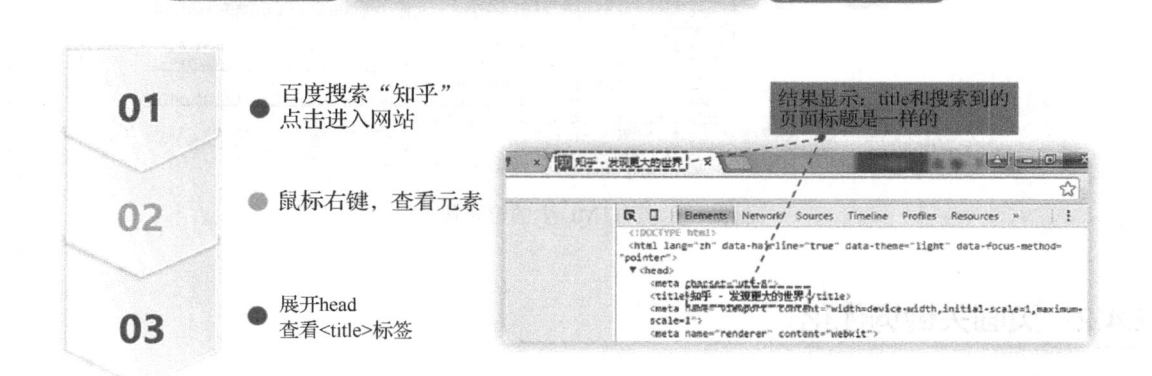

图 2-13　页面标题的作用

2. 页面标题的优化方法

（1）不要一成不变

如果网站的页面标题都一样，则在用具体内容作为关键词时搜索引擎就不一定能搜索到。

小型网站可以把一些主要的页面标题手动标上，但是大型网站都采用标题自动化，如有些论坛，每个帖子都是通过自动代码把名称填到 title 里的，如在论坛中把帖子的标题作为页面的 title 标签内容，这个效果也是自动实现的，搜索引擎就会根据帖子标题的关键字搜索到这个页面。

利用自动化实现标题优化时，会产生众多子页面标题，描述层级关系一般使用"-"进行内容连接。

（2）要准确简短

标题要准确，让用户一看就知其意。标题也不要太长，因为搜索引擎的结果最多能显示 25 个字，如果标题过长，后面显示的都会是省略号，所以应在 25 字以内表达出页面的准确信息。

（3）关键词前置

在一个标题中越往前的位置表述的信息越重要，例如，要体现豆瓣的金羊毛计划时，title 是金羊毛计划-豆瓣音乐人，表示该标题属于豆瓣音乐人模块，金羊毛计划是主要关键词，因此应前置。

（4）在 HTML 中的位置优化

这部分内容涉及一些代码的知识。在一个页面 HTML 中会有很多内容，将 title 放在 head 前，对于爬虫来说更加友好，在爬取这个页面时可立刻爬到 title；不要在 title 标签前引入 css、js 文件，这样会延缓页面的加载，用户体验不好；把大量的 meta 标签放在 title 后，同样有利于爬虫爬取重点内容。

（5）内容拼接

内容拼接一般使用"-"（英文的减号）完成，也可以使用顿号、竖杠、空格、大于号等符号，但不要混用，全站应统一风格。

网站内部优化（2）

图 2-14　在 HTML 中的位置优化

2.4.2　页面关键词优化

1. 关键词（Keywords）

页面关键词和 HTML 标签有关，需要使用 meta 标签中的关键词属性。meta 不成对，只有一个标签。name 指明关键词是 meta 属性，在 content 中加关键词时应把内容放入双引号。关键词之间可以使用顿号或逗号进行分割，但风格应保持统一。

2. 关键词优化的过度应用

网站在 meta 标签中通过加入很多无关的热门关键词来提升自己的排名，如做读书电影相关的网站，因发现比特币的搜索量非常大，就在页面标题前加上比特币来提升自己的排名。这种方法被大规模滥用之后，导致主流搜索引擎在排名搜索结果时，弱化页面关键词的优化意义，所以在做页面关键词的优化时，不需要投入很大的精力。

3. 页面关键词优化原则

➢ 关键词之间一定要用顿号或逗号隔开，否则会被认为是一个词。
➢ 关键词是一个词，不能使用一段话。
➢ 关键词应与页面内容关联。
➢ 使用符合搜索习惯的词，应避免生僻词。
➢ 不要重复使用关键词，否则会被惩罚。
➢ 使用 3～5 个关键词即可，不要超出 5 个。

网站内部优化（3）

2.4.3　页面描述优化

1. 页面描述的概念

页面描述使用 meta 标签的 description 属性，它的写法为<meta name="description"content=" ">，其中 name 指明 meta 属性是 description，用来描述页面，在 content 中添加描述内容时应使用双引号。

如图 2-15 所示，搜索"西祠胡同"可以看到在搜索结果里，最主要显示的内容是页面标题和页面的 description 描述。对照页面的 HTML 内容，content 和搜索结果显示的内容一致。总体来说，页面描述的重要性比页面标题小，页面标题在搜索结果时更加重要，页面描述有利于用户在搜索结果中了解网站或页面的内容。

页面关键词使用的是meta标签Keywords属性

`<meta name="keywords" cotent="">`

meta:不成对,只有一个标签　　name:指明Keywords是meta属性　　content：在双引号中加关键词

例：`<meta name="keywords" cotent="营销广告,互联网营销,数据分析">`

提示:关键词之间可以使用顿号分割,也可以使用逗号分割,但要风格统一。

图 2-15　页面描述

2. 页面描述优化的原则（见图 2-16）

（1）高度概括页面的主题内容

页面描述要简明扼要地描述重点内容,才能提升页面展示后的点击率,进而影响页面权重。

（2）字数不能超过 70 个

因为百度搜索结果只能显示两行,所以不要超过 70 个字,否则会被截断使后面的内容不能显示,还有可能增加跳出率,影响权重。

（3）不同页面应有不同的描述

搜索引擎通过不同页面的标题和描述可以了解页面的内容,这样可以增加页面的点击率。

（4）遵循 T-K-D 顺序

在 HTML 代码中应按照先写 title,再写 keywords,最后写 description 的顺序完成。

(1) 高度概括页面的主题内容
(2) 字数不能超过70个
(3) 不同页面应有不同的描述
(4) 遵循T-K-D顺序

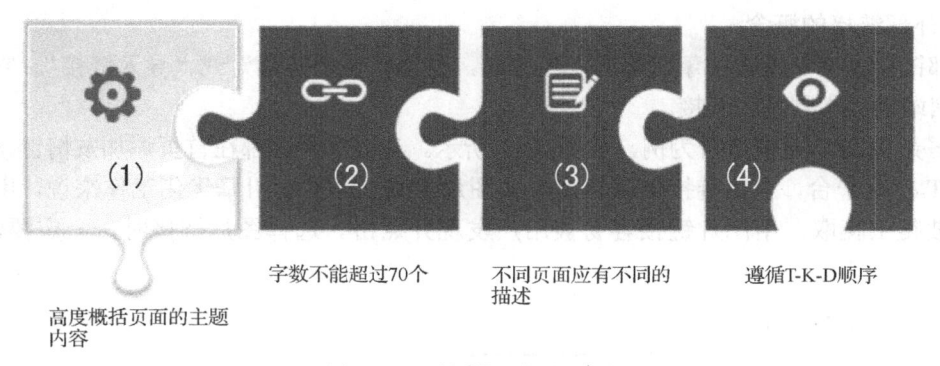

图 2-16　页面描述优化原则

2.4.4　正文中的关键词优化

1. 正文部分

正文是指页面上用户可看见的部分。在页面的 HTML 代码中,用户可看到的部分都放在 `<body></body>` 中了,这个标签所包含的就是页面全部可见的范围内容。

2. 词频和密度

词频指关键词在页面中出现的次数。密度指用关键词出现的次数除以页面上可见的总字数。在站长工具中可以看到常见关键词出现的频率和密度，首页上比较合理的关键词密度范围是 2%～8%，可以根据这个参考值对关键词的词频和密度进行优化。

3. 优化方法

利用 alt 属性和 title 属性来优化词频和密度。例如，页面中 A 链接的 title 是"网络营销"，可以改成"关键字优化-网络营销"，其他的 title 或 alt 属性里都可以加上"关键字优化-"，相对于这个页面，"关键字优化"这个词出现的频次会提高很多，密度必然也随之提高。

任务 2.5　网站外部链接优化

教学目标

1. 外部链接的概念；
2. 外部链接的作用；
3. 判断外部链接质量的方法；
4. 了解友情链接的概念与常见位置；
5. 了解寻找友情链接目标的步骤；
6. 了解交换友情链接的流程与注意事项；
7. 了解外部链接建设的其他方式。

网站外部链接优化

2.5.1　外部链接

1. 外部链接的概念

外部链接是网站搜索引擎优化的主要方向，也称"反向链接"或"导入链接"。它是指通过其他网站链接本网站的链接。

以稻壳儿 PPT 模板平台为例，如图 2-17 所示。有多个网站都在首页添加友情链接指向稻壳儿 PPT 模板平台，这些链接可以是文字或图片形式。对搜索引擎优化工作来说，用文字链接容易被爬虫爬取，用图片链接容易被用户发现并点击。选择图片链接时，一定要添加 alt 标签。

图 2-17　友情链接

2. 外部链接的作用

为了提高网页的相关性，用户可通过搜索引擎搜索"好的 PPT 模板"。

例如，知乎有一个链接推荐道："网站 A 的 PPT 模板做得很好，推荐下载"。由于有外部链接给予的信息，说明网站 A 和 PPT 模板的关联性更高。因此，提高网页相关性有助于搜索引擎的收录和排名提升。

（1）传递权重

外部链接会把推荐方网站的权重传到目标网站。权重高的网站外部链接的效果越好。

例如，一个小型网站推荐道："网站 A 比较好"，另外新浪分类频道里也推荐道："网站 A 特别好"，像新浪这种权重较高的网站推荐的效果就会更好，因为爬虫在爬取新浪内容时，也会把新浪页面的权重传递到网站 A，可提升网站 A 的权重。

（2）增加收录

对于一个网站特别是新网站的外部链接多，更容易增加收录的总页面数。

如果外部链接较多，爬虫在爬取高权重网站时，会通过外部链接爬取到网站，再进一步爬取网站的其他页面，从而增加被收录的页面数量。

2.5.2 外部链接的质量

搜索引擎优化工作需要高质量的外部链接，否则会起到反作用。因此，具备判别外部链接质量好坏的能力就显得非常重要。

1. 能否带来点击流量

网站流量情况是判断外部链接质量的标准之一。当判断一个外部链接的价值和质量时，可先通过 alexa 排名进行初步判断，如图 2-18 所示。

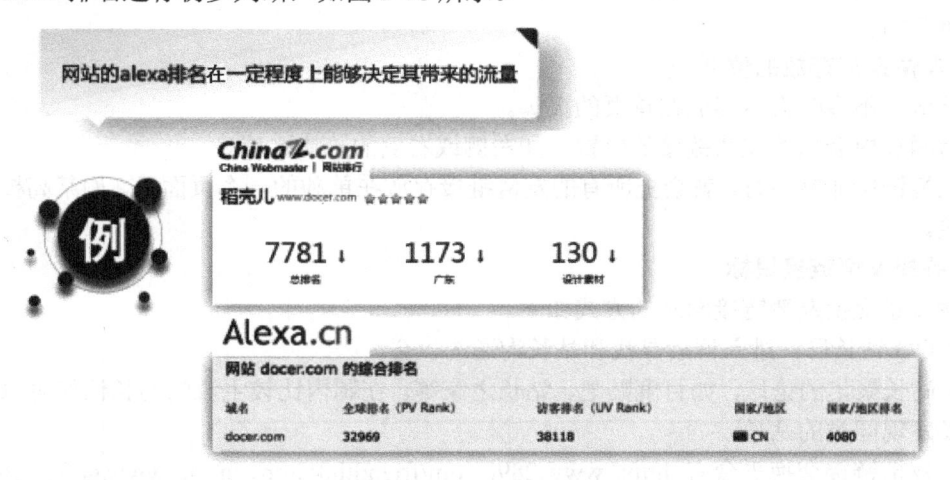

图 2-18　外部链接的质量标准

2. 是否单向链接

单向链接就是只有别的网站对你的网站进行外部链接，而不需要给对方外部链接。单向链接对内容质量的要求非常高。例如，某个网站的编辑在发布介绍与 PPT 相关的文章时，主动加了一个链接到网站稻壳儿上，宣传这个内容比较好并推荐用户去看看。这种情况出现的链接质量都会比较好，属于有价值、有意义的外部链接。

增加单向链接的方法如下。

（1）软文推广，即在软文中加入目标链接。

（2）加入网站。

（3）将网站添加到各类网站的收藏夹，并订阅到社区化 RSS 阅读器中，如 Google Reader、Bloglines、抓虾等。

（4）建立博客。建立一个博客，并保证博客内容的质量及持续更新，可在博客上添加友情链接。

3. 是否有相关性

外部链接所在网站与本网站的相关性越高，其外部链接的质量就越高。

4. 页面导出链接数据

外部链接所在页面导出的链接越多，每个链接所能分得的权重就越少。很多网站有一堆外部链接，而且什么内容都有，那么这个外部链接对于搜索引擎优化的贡献度会极低，没有多少价值。

5. 来自 edu、gov 等域名

教育类和政府部门的网站使用域名为 edu、gov 等。

这类网站的公信力比较好，内容质量比较高，会被认为属于高质量平台，导出的外部链接的质量自然就会比较高。但是做这类网站的外部链接难度比较大，需要有较广的人脉资源和质量较高的网站内容。

2.5.3 友情链接

友情链接指与其他网站交换链接，互相引导流量的一种形式。它是最常见的形式之一，基本都是免费的。

1. 友情链接存放的位置

友情链接不多时大多存放在首页的页脚。

正常网页内会预留友情链接的位置，如左侧或右侧的一块区域。

当友情链接非常多时，就会把所有的友情链接存放在单独的一个页面里，如某高校的论坛友情链接。

2. 寻找友情链接目标

寻找愿意交换友情链接网站的方式如下。

（1）QQ 站长群。进入群后寻找和站长沟通的机会。

（2）站长聚集的论坛，如百度贴吧、站长之家等。在国内比较主流的站长论坛可以交流经验，以及发现同类的站长。

（3）友情链接交换平台有 http://www.2898.com/friendlink.htm、http://www.go9go.cn，但是这类平台的质量参差不齐，要比较谨慎。

（4）熟人介绍。这种方法的成功率高，也能保证质量。

3. 交换友情链接

交换友情链接的流程如下。

（1）获得联系方式后，应主动通过 QQ、微信、邮件、电话等方式进行联系。

（2）介绍自己网站的情况，看对方是否有意愿互换链接。

（3）确定合作后，先在自己的网站加上对方的链接，再请对方加上自己的链接。

（4）对链接进行跟踪。

4. 交换友情链接的注意事项

针对友情链接进行跟踪时，应注意以下 4 个方面。

（1）当心对方加完友情链接后再删除。

（2）当心对方把你的链接放在特别深的页面。

（3）当心对方把你的链接加上 nofollow 属性。如果对方网站不给传递权重，爬虫就不会根据链接爬过来，属于作弊行为，因此应该定期查看页面元素。

（4）把你的链接加载友情链接页面，但该页面在 robots.txt 中被设置为禁止收录。这类情况不容易被发现，要尽量想办法查看对方网站的 robots.txt，或者通过站长工具进行测试。

2.5.4 外部链接的其他方式

1. 发表文章

到垂直类媒体、门户网站上发表文章时，在文章中加入一些链接，但这种方式需要具有媒体编辑资源才能完成，如图 2-19 所示。

图 2-19　发表文章

2. 在论坛和博客中留言

例如，在知乎上面回答问题时，可以把网站链接融入内容中。在论坛中回答问题时，可以在答案中加入网站链接。

内容一定要具有相关性，忌留大量垃圾信息，否则对搜索引擎优化工作没有价值，还容易被封号。

有些网站可能通过技术层面做过滤，添加 nofollow，这种方式对于搜索引擎优化没有多大意义，但会引导用户直接访问网站，能带来一些流量。

3. 网络广告

在其他网站平台上投放广告做链接，也是外部链接建设的一种，但是需要付费，是否采用这种方式要看自己网站的定位和预算，如图2-20所示。

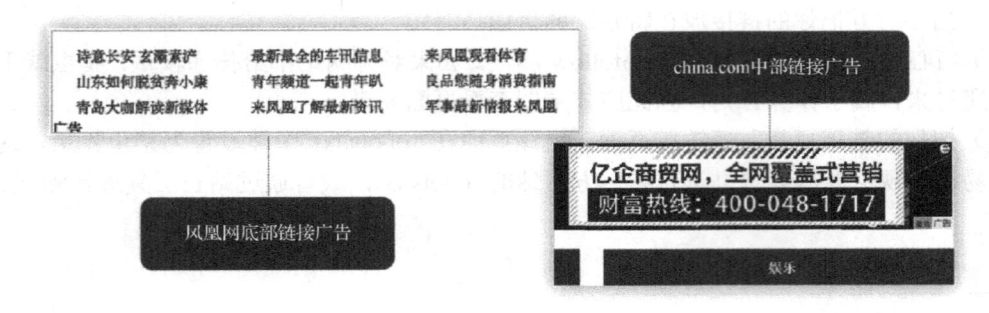

图 2-20　网络广告

任务 2.6　实训：网站诊断

1. 实训背景

对网站诊断的相关知识已形成基础认知，通过该实训活动，学生可以使用站长工具对网站进行诊断，并根据结果提出对网站进行优化的建议。

2. 实训任务

（1）完成对某网站基本情况的统计；

（2）初步确定网站的优化建议。

3. 实训步骤

（1）以小组为单位，下载"实训网站"，共同选取某企业网站作为实训对象，并查阅该网站的简介，或者登录网站，了解其基本情况；

（2）依次利用各实训工具，查询该网站的相应信息，并填写到"网站诊断模板"中的相应位置；

（3）依据网站诊断数据，结合对网站基本情况的了解，分析网站现状，并提出优化建议；

（4）将分析结论填入"网站诊断模板"中的相应位置；

（5）上传实训产出，命名规则为第*组网站诊断实训产出；

（6）小组间相互查阅实训产出，并进行查漏补缺的工作。

4. 实训工具

- 站长工具>搜索引擎优化综合查询>网站基本信息 http://seo.chinaz.com。
- 站长工具>alexa 排名查询 http://alexa.chinaz.com。
- 站长工具>搜索引擎优化建议 http://s.tool.chinaz.com/seocheck。
- site：域名。
- 站长工具>百度今日收录查询 http://tool.chinaz.com/baidu。

5. 实训网站

（1）小红书

网址：http://www.xiaohongshu.com/。

简介：小红书是一个网络社区，也是一个跨境电商，还是一个共享平台，如图 2-21 所示。小红书的用户既是消费者，也是分享者，更是同行的好伙伴。在这里能发现有趣好玩的内容，也能找到有意思的明星达人，可以与他们一起共同标记生活的点滴。这里有 9100 万明星达人每日分享海量服饰搭配、美妆教程、旅游攻略、美食测评，让你轻松玩转小红书、标记属于自己的生活态度。

图 2-21　小红书首页

（2）汽车之家

网址：https://www.autohome.com.cn/nanjing/。

简介：汽车之家为汽车消费者提供选车、买车、用车、换车等环节的一站式服务，如图 2-22 所示。它致力于通过产品服务、数据技术、生态规则和资源为用户和客户赋能，建设"车媒体、车电商、车金融、车生活" 4 个服务圈，从"基于内容的垂直领域公司"转型升级为"基于数据技术的汽车公司"。

图 2-22　汽车之家首页

6. 网站诊断模板

网站名称				
网址				
网站基本情况				
权重	百度权重		360 权重	Google 权重
alexa 排名	世界排名	流量排名	日均 IP	日均 PV
收录情况	百度	谷歌	360	搜狗
反向链接	百度	谷歌		360
百度快照				
网站状况				
优化建议				
统计时间	年　　月　　日　　时　　分			

项目 3

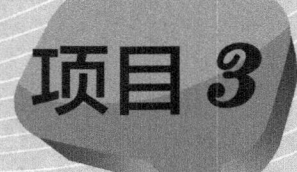

搜索引擎营销

任务 3.1　搜索引擎营销的基础

📍 教学目标

1. 了解搜索引擎营销定义；
2. 了解百度推广的展现位置、规则与形式；
3. 了解百度竞价排名的概念、原理、适用场景及其优缺点；
4. 了解质量度的定义、作用、星级，重点掌握质量影响因素及其关系；
5. 了解点击价格的影响因素。

📍 案例引入

Omni 精准定位人群，搜索量大幅提升

捷豹（Jaguar）是英国的豪华轿车、跑车和轿跑 SUV 品牌。1935 年诞生，创始人为威廉·里昂斯爵士，现属印度塔塔集团旗下。2004 年进入中国，目前捷豹在中国市场拥有 X 系列豪华运动轿车、TYPE 系列豪华跑车、PACE 系列豪华轿跑 SUV 三大产品。捷豹 E-PACE 新车上市，希望能覆盖核心用户。

通过 Omni Marketing 赋能工具产生了 8 个不同分类的人群，针对本品、竞品、目标市场人群进行沟通。精准的定位投放，完成对品牌有所了解的人群从认知品牌到喜爱品牌，再到产生购买意向的转化，如图 3-1 所示。

经过努力，捷豹 E-PACE 搜索量和相关文章的浏览量提升 37%，其上市时间的相关搜索量提升 58%。捷豹 E-PACE 价格的相关搜索量提升 127%，其试驾的相关搜索量提升 83%。

摘自百度推广 http://e.baidu.com

搜索引擎营销基础

图 3-1　目标市场定位

3.1.1　搜索引擎营销的定义

搜索引擎营销（Search Engine Marketing，SEM）指企业付费给搜索引擎，根据关键词获得搜索结果的推广位置，在用户搜索关键词时展示给用户，从而达到推广产品、吸引用户点击、提升流量等目的。与搜索引擎优化的免费方式不同，这里需要以付费购买的方式获得搜索引擎的推荐，如图 3-2 所示。

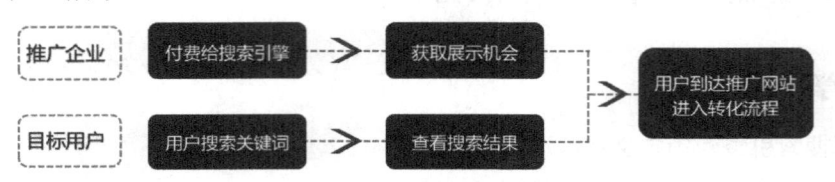

图 3-2　搜索引擎营销的流程

1. 搜索推广展现规则

广告可以显示在首页的左侧顶部、底部或右侧。具体的展现规则如下（见图 3-3）。

图 3-3　百度搜索推广结果

（1）左侧顶部的广告位置，此处可展现 4 条不同的推广结果。
（2）首页和翻页后的页面右侧广告位置，每页最多展现一条不同的广告。

2. 搜索推广展现的形式

百度搜索推广结果显示的形式并不固定，会根据出价、排名、用户搜索习惯等多个因素进行内容呈现。比较多的有以下 4 种显示形式。

（1）标准推广

这种显示形式可将推广设置的主要内容都显示出来，包括标题、描述、网址，通过这些内容引导用户点击进入目标页面，如图 3-4 所示。

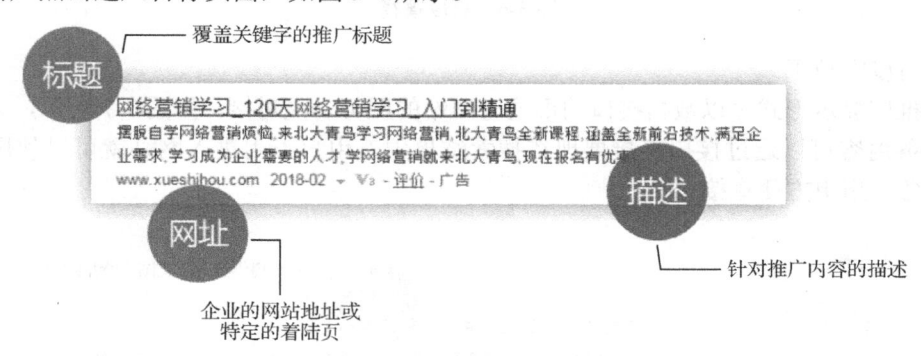

图 3-4 标准推广结果

（2）凤巢图片

这种推广显示形式是百度提升用户搜索体验和结果展示的优化系统，采用展示图片、子链接等更具吸引力的内容形式，加入这些因素可有效提高用户的关注度和点击率，如图 3-5 所示。

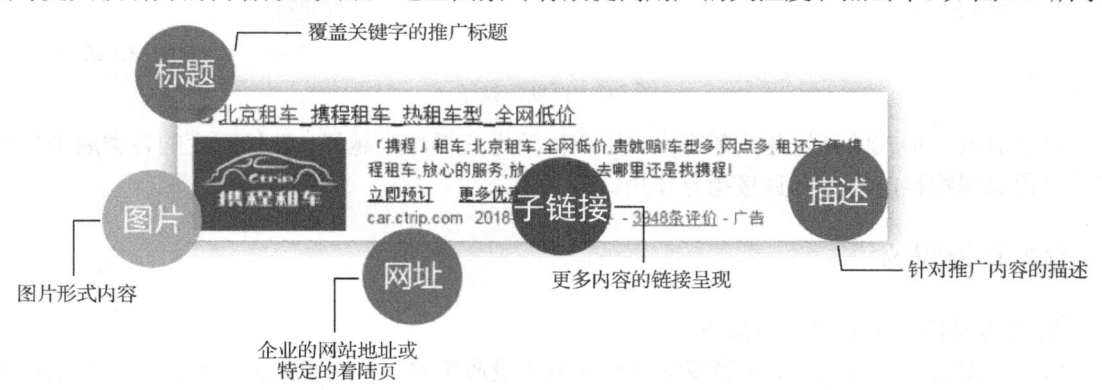

图 3-5 凤巢图片

（3）百度蹊径

这种推广显示形式可在标准推广内容中融入多条子链接，使推广服务具备更多信息的表达功能，其展现的子链接被称为"蹊径子链"，如图 3-6 所示。通过更多的子链接，将网站提供的服务内容更多地展示出来，让用户能够更充分地了解网站，也能够更精确地进入网站的服务模块。

图 3-6 百度蹊径

（4）百度阿拉丁

这种推广显示形式可以数据接口的形式与网站的服务功能对接。如图 3-7 所示，关于结算车险的服务内容可以通过接口直接展现在搜索结果中，用户不用进入网站就可以使用这些功能，让服务应用更方便直接。

图 3-7 百度阿拉丁

百度对展示形式的开发越来越深入，用户体验也变得越来越好，熟知百度的各类展现形式将对设置展现物料的内容有直接指导作用。

直通职场

SEM 专员的岗位职责要求如下。

（1）制定百度、搜狗、360 等搜索引擎营销的投放策略，并对投放效果负责，具有根据公司产品、业务进行关键词投放规划、调整的能力。

（2）负责对投放效果进行分析，并根据分析结果持续优化投放策略，提高投资回报率；负责搜索引擎营销工作的内部沟通、外部协调及实施投放。

（3）对 SEM 相关数据（包括竞品）进行深入分析并定期形成报告，供公司其他部门决策参考。

3.1.2 百度竞价排名

根据用户搜索关键词展示搜索结果。用户出的竞价价格高，就会有更多展示搜索结果的机会，以及排名更靠前的位置。根据百度搜索结果的热力图，就可以发现排名越靠前，得到用户的关注就会越多，被点击的概率也会越高。

1. 百度竞价排名原理

百度作为一个平台，要考虑用户更喜欢哪些内容。百度搜索引擎会根据综合排名指数（CRI）进行排名。

$$综合排名指数（CRI）=出价×质量度$$

出价是竞价者在设定一次推广内容被搜索者点击的最高费用。

质量度主要反映网民对参与百度推广的关键词，以及关键词创意的认可程度，在后台直接查看，包括CTR、账户综合表现、网站质量。质量度越高，表示用户越喜欢，体验越好。同时，如果关键词质量高，就能以较低的成本获得更好的排名。做SEM最重要的一项工作就是要不断优化内容，提升质量度，从而提升排名和降低成本。

2. 适合竞价排名的产品

（1）靠搜索查找的产品和服务。例如，搜索餐厅时，大家习惯使用大众点评而不会通过百度来搜索，所以餐厅就不适合做竞价排名。

（2）通过竞价排名盈利要大于成本的产品。

例如，一个产品单价为3000元，投放百度竞价排名花费为1000元，能带来100个点击量（每个用户获取成本10元/人），有2%的转化率，收入为6000元，扣除成本后仍然盈利，就可以扩大投放量。

一般都是单价比较高的产品或服务适合竞价排名。

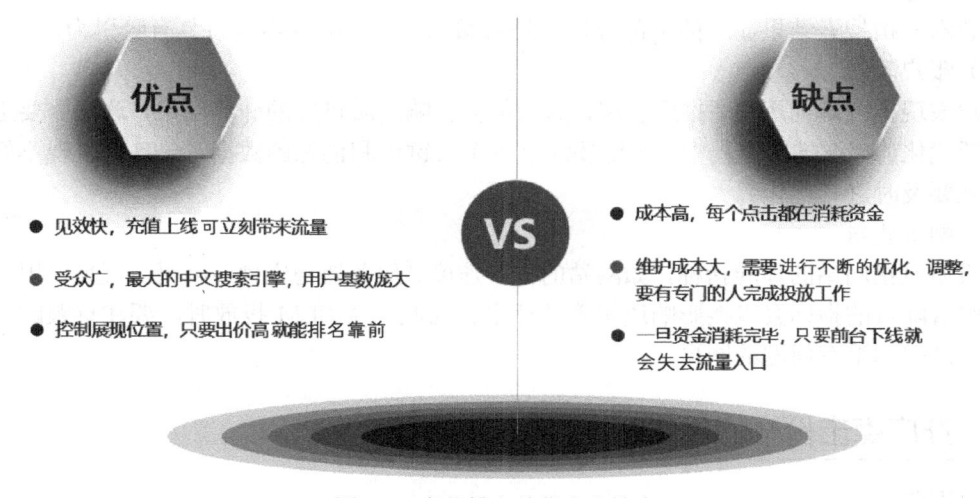

3. 竞价排名的优点和缺点

竞价排名的优点和缺点如图3-8所示。

图3-8 竞价排名的优点和缺点

3.1.3 质量度

1. 质量度的定义

质量度主要反映网民对参与百度推广的关键词，以及关键词创意的认可程度。百度给企业主搜索推广创意打分，分数越高表示质量度越高，结合综合排名指数的公式，在同等的出价条件下，排名会越高。

2. 质量度的星级说明

- 3 星词：表示左侧展现资格稳定，在出价有竞争力的情况下，左侧展现的机会大。
- 2 星词：表示左侧展现资格不稳定，建议持续优化质量度。
- 1 星词：表示基本没有左侧展现资格，提高出价效果也很差，应优化质量度。

3. 质量度在推广账户中的作用

- 影响关键词排名。出价相同时，质量度越高的关键词排名越靠前。
- 影响点击价格。质量度越高获取高排名的价格就越低，其点击成本也越低。
- 影响最低展现价格。质量度很高时，就算最低展现价格很低，也会有展现机会。如果质量度不够，再设置较低的展现价格，则会没有任何展现的机会。

4. 质量度的影响因素

对质量度的影响因素有很多，百度会根据这些因素以一定的规则进行计算，最终得出质量度。

（1）点击率（CTR）

点击率是最关键的因素，如果展示曝光量很大，但点击量小就会被认为关键词不受用户欢迎，导致点击率降低。点击率=点击量/展示量，其中搜索结果的排位、投放的区域、展示内容的吸引力等都会影响点击率。

（2）相关性

相关性指关键词、创意和着陆页的内容是否匹配。如果关键词是 PPT 模板，那么创意和着陆页也要对应 PPT 模板中的内容，而不能对应一个微信营销课程的着陆页。

（3）创意水平

创意水平指搜索结果显示的那部分句子是否通畅，语句的内容是否具有吸引力。

（4）账户表现

账户表现指关键词历史、推广表现，这些都会影响到质量度的计算结果，这是需要进行积累和不断优化的。在推广过程中，一定要注意各个关键词和创意的数据，一旦有表现不好的情况出现就要及时进行优化。

（5）网页质量

网页质量指网站的体验指标，如网站的打开速度、服务器稳定性、网页美观度、用户体验等，这些着陆页的指标会直接影响质量度的评定。因此，做 SEM 投放时，要注意跟踪着陆页的指标，及时调整有问题的网页。

3.1.4 推广点击价格的算法

1. CPC

CPC（Cost Per Click，每次点击付费）又称点击价格，它指投放广告后，用户每点击一次所需要支付的费用。

$$点击价格 = 下一名的出价 \times 质量度/自己的质量度 + 0.01$$

例如，PPT 模板关键词。某竞品下一名的出价为 3 元，质量度是 2，自己的质量度是 1.5，则计算出来的点击价格为 4.01 元。即使自己的出价为 5 元，实际扣除也是 4.01 元。因为出价不等于关键词最终的实际点击价格，只代表你愿意为这个词所付出的最高成本。

2. 实际投放中，影响点击价格的因素

（1）取决于竞争对手的关键词价格和质量。

（2）关键词的热度越高，竞争越激烈，有些关键词的点击价格甚至达百元以上。

（3）合适才是最重要的。需要找到一个合适的价格、位置和流量，并非流量越多越好，关键要看是否能带来足够的业务量。如果业务量超过了企业的接待范围，反而会影响用户体验和口碑，造成流量的浪费。

在上述因素中唯一可控的就是质量度，通过不断优化提高质量度是降低点击价格的主要方法。

课程讨论

基于客户的综合指数排名（CRI）情况，根据点击价格公式计算每个关键词的点击价格。

表 3-1 客户的综合指数排名（CRI）情况

客 户	关 键 词	出价（元）	质 量 度	排 名	点击价格（元）
A	鲜花预定	3.6	1	1	
B	买鲜花	2.5	1.4	2	
C	订鲜花	4	0.7	3	
D	鲜花预定	3	0.9	4	

3.1.5　SEM 的 3 个步骤

SEM 的推广工作主要有 3 个步骤。

首先，要做好推广的准备工作。在推广正式开始之前，需要完成各类线上推广的物料准备工作，包括关键词选择、关键词设置、创意编辑、账户设置等，推广物料准备完成后即可进行线上推广工作。

其次，根据前期准备的物料，对设置的关键词、推广创意、着陆页、投放的时段、投放区域等各项内容进行推广数据测试，选择推广效果比较好的内容持续进行推广，推广效果比较差的内容重新进行优化调整，这个过程需要一直持续不断的进行。

最后，根据测试结果找到比较有效的推广模式和内容进行固化，保持稳定的投放，并对投放结果进行数据跟踪和监控。

任务 3.2　推广账户结构设计

教学目标

1. 了解推广账户层级结构与搭建原则，以及账户搭建的前置分析方法；

2. 了解关键词的选择步骤、类型与方法，依据网站情况进行合理的关键词设置；

3. 了解关键词分组的原则与技巧；

4. 了解关键词出价设置的步骤、方法和技巧。

推广账户结构设计

3.2.1 账户结构

1. 推广账户层级

在一个推广账户中,可以先设置多个推广计划。推广计划就是管理一系列关键词和创意的大单位,每个推广计划下面又可以有多个推广单元。推广单元就是管理一系列关键词和创意的小单位,每个推广单元里可以有多个关键词和多个创意。

2. 账户结构细则

在推广账户中,可以设置整体的推广预算和推广地域。每个推广账户最多可以设置 100 个推广计划,每个推广计划可以设置该计划的推广预算和推广地域,同时可以设定 100 个否定关键词。否定关键词就是指遇到这些关键词时不触发推广广告。每个推广计划中最多可以设置 1000 个推广单元,在推广单元中进行统一出价设置,也就是这个推广单元中的所有关键词使用同一个点击价格。每个推广单元可以设置最多 5000 个关键词和 50 个创意。这些数量都是最高值,需要根据具体的推广工作和任务来设置内容的数量。

3. 账户搭建原则

为了营销推广工作能够取得更好的效果,需要遵循的原则如图 3-9 所示。

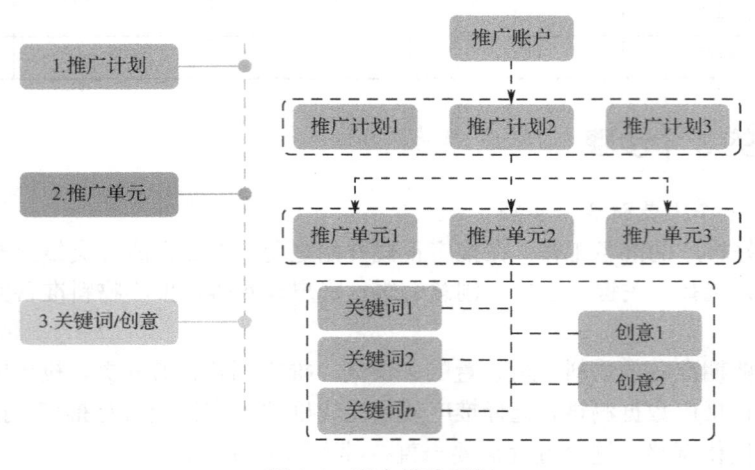

图 3-9 账户搭建原则

(1) 推广计划

推广计划不应少于 2 个。推广计划和推广单元的数量多就代表关键词的细分更透彻,定位用户更加精准。

(2) 推广单元

每个推广单元内的关键词数量在 5~15 个之间比较合适。关键词的数量太少则缺乏展示机会,太多则会导致点击率较低,影响质量度。

(3) 关键词/创意

每个单元内与关键词密切相关的创意至少要有两条。由于不同展现位置的效果不同,所以多个创意有助于提高展现效果。

4. 账户搭建的前置分析

账户搭建就是设置推广账户的各项内容。在搭建之前,需要对产品、客户、客户特征进行细致分析，才能在设置推广内容时有的放矢，提高推广效率。需要明确的内容包括产品和服务是什么、目标客户是谁，以及这些客户有哪些需求和特征，这样在进行推广内容设置时，才知道要用到哪些关键词，在哪些区域投放，以及在什么时间段投放等。

3.2.2 账户结构设计

1. 设置推广计划

设置推广计划是为了更好地管理推广项目，按照营销目的设置不同的推广计划。对于关键词数量较少、单一业务的推广账户，可将关键词按词性分组，按照营销目的、地域等因素划分为多个不同的计划。

对于关键词数量较多的推广账户，可按照产品线、区域等制订计划。计划的制订没有完全固定的模式，最终的确定还需要根据企业的实际情况进行分析。一般情况下，可以按照产品和服务、区域、推广预算等因素的组合来划分计划，也可以针对特定的时间、特殊事件、活动等因素制订计划。

2. 设置推广单元

推广单元是进行直接投放的管理单位。推广单元的细分比较重要，应遵循两条思路：①对计划进行细分，减少重复的单元内容，以方便进行管理；②要和其中的关键词结合起来考虑，把词义相近、结构相同的关键词放在同一个单元里，这样推广的关键词和创意才能匹配上。如果词义不同，放在一个创意中就会导致语句不通顺等问题，影响推广的效果和质量度。

3.2.3 选择关键词

1. 关键词的选择方法

先找出推广产品和服务的核心关键词，就是与产品和服务关联度最高的关键词，再以这些关键词为基础，逐步扩大选词范围，形成关键词的词库。同时要注意，用关键词定位潜在的用户，选择关键词的出发点就要按照这些用户的搜索习惯进行，要看用户有可能搜索什么样的词。另外，关键词的选择也不是一劳永逸的，要在整个营销过程中不断调整和优化。找到核心关键词的方法，一般按照品牌词、通用词、竞品词、人群词这4个层次进行挖掘。

以汽车保险为例来说明这4个层次关键词的概念。

品牌词是与公司品牌关联的词，一般大型企业、品牌知名度比较高的企业都会使用品牌词进行推广。汽车保险的品牌词可以使用"平安保险""平安车险"，搜索这些词的用户都是对品牌有一定的认可，且目标明确，希望找到精确信息的。

通用词是大多数客户都会搜索的词，这些词和所做产品有相关性，范围比较广泛。搜索车险的用户通常会搜索"汽车保险"，这个词的搜索频率非常高。用户也会直接搜索一些险种，如交强险、盗抢险都属于通用词。

竞品词是竞争对手的企业品牌关键词。很多情况下竞品词甚至比大多数产品词有着更高的转化率。车险中的竞品包括人保车险、阳光保险、太平洋车险，这些都是竞争对手的品牌关键词，当用户搜索这些关键词时，把自己的广告进行投放，可争取获得竞品的客户。

人群词是目标客户所表现出的主流兴趣点，如车险的目标人群是有车的客户，这类客户会对交通违章查询、二手车买卖过户等感兴趣，通过这些词同样能够定位到需要购买汽车保险的用户。

2. 关键词的拓展方法

确定核心关键词后,就要基于这些核心关键词进行拓展。对关键词的拓展方法很多,在百度投放后台就提供了关键词规划师工具,输入核心关键词就会推荐很多相关的关键词,可以从中进行选择,也可以利用 Google 关键词工具、第三方工具(关键词选词助手、追词助手、金花关键词等)进行关键词的拓展。另外,通过在搜索引擎和电商购物平台输入关键词,查看推荐的关键词、筛选竞争对手使用的关键词、通过客户调查和数据统计平台,都能够对关键词进行拓展。

拓展关键词的目的是建立关键词的词库,在其中挑选合适的关键词进行测试和优化。

3. 关键词的匹配方法

关键词的匹配对于搜索结果很重要,匹配方法的不同会导致关键词在百度搜索时展示的范围不同,如采用精确匹配时,只有用户输入搜索的关键词与设置的关键词完全一致时才会出现广告。而使用广泛匹配时,搜索与关键词相关的词时都会出现投放广告,使广告出现的概率大大增加。

下面以账户关键词"数码相机"为例说明 3 种匹配方法,如图 3-10 所示。

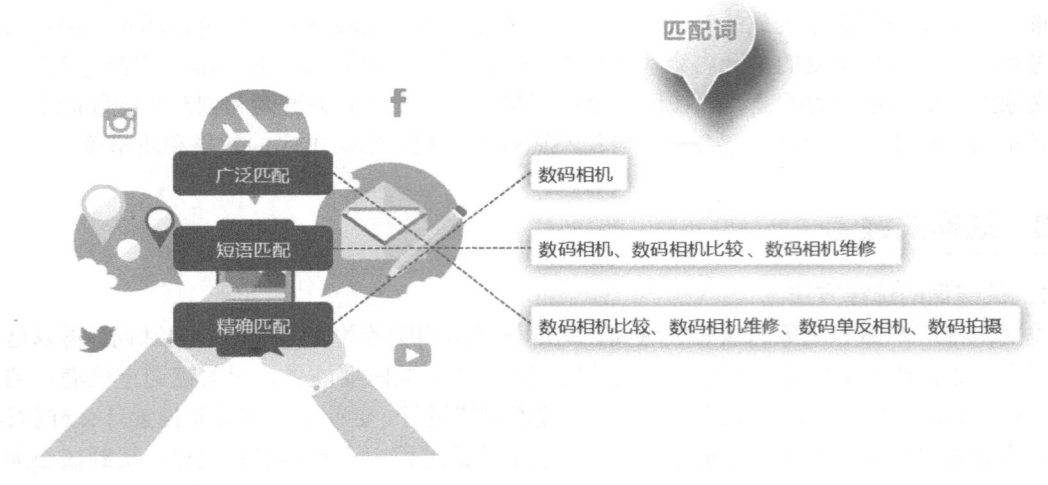

图 3-10　关键词匹配方法

(1)广泛匹配

与数码相机相关的词语,如数码相机比较、数码相机维修都可以匹配。在词语中间加入一些定语,如数码单反相机,在搜索数码拍摄关键词时也有可能出现,这个匹配范围非常宽,展现机会很多,但是也有一个缺点就是精确度不够,会带来很多无效流量。

(2)短语匹配

短语匹配是介于广泛匹配与精确匹配之间的一种匹配方法,一般是通过关键词中的短语与用户搜索的结果进行匹配,如数码相机、数码相机比较、数码相机维修都属于匹配范围。

(3)精确匹配

使用精确匹配,则只有"数码相机"这个词可以匹配上。在不同的阶段需要采取不同的匹配策略,需要流量时可采用广泛匹配;当有些词需要精确定位人群时,则采用精确匹配。总之不同的匹配会影响展现量、流量、转化率等关键指标。

3.2.4 关键词分组

1. 分组原则

关键词选取后，需要对关键词进行分组管理。这个步骤非常重要，科学合理的关键词分组有助于出价管理、创意撰写，以及针对性的优化操作。关键词的分组遵循两大原则：①将意义相近的关键词纳入同一推广单元；②将结构相同的地点词纳入同一推广单元。这样的分组有利于通配符的使用和使搜索结果飘红，让搜索展现结果显示的效果，更能吸引用户的注意力。通配符是能够在其中进行关键词替代的符号，将相近的词语进行替代后，语句更容易保持通顺。飘红是指在搜索结果中以红色显示的部分，是吸引用户点击的重要因素。

2. 分组技巧

首先，按照词性结构（语法）进行分组。将相同词性、相近结构的关键词按纯名词、疑问句式、主谓结构短语、动宾结构短语等词性结构进行分组，如图 3-11 所示的几个关键词的词性结构不同，将其代入创意的通配符中，可以看到有很多词代入后语句是不通顺的，按照词性重新进行分组后，针对每个单元重新设计的创意显示结果是通顺的。

修改前	单元	关键词	创意
	酒店预订	特价酒店 预订酒店 北京酒店预订 便宜酒店 怎样预订酒店	XX网，在线预订{特价酒店}，价格优惠 提供在线预订{特价酒店}服务，让您轻松无忧！酒店价格超值便宜，折上再返现金，立即预订。

修改后	单元	关键词	创意
	酒店-名词组	特价酒店 便宜酒店	XX网，在线预订{特价酒店}，价格优惠 提供在线预订{特价酒店}服务，让您轻松无忧！酒店价格超值便宜，折上再返现金，立即预订。
	酒店-动词组	预定酒店 北京酒店预订	XX网，提供{预订酒店}服务，价格优惠 专业的在线{预订酒店}服务，让您轻松无忧！酒店价格超值便宜，折上再返现金，立即预订。
	酒店-疑问组	怎样预订酒店	{怎样预订酒店}？上XX网教你{怎样预订酒店}，让您轻松无忧。

图 3-11 分组技巧

其次，按照意义进行分组。从网民检索意图出发，将意义相关的关键词放在同一组，如按照不同消费行为阶段的检索意图进行分组，在对信用卡感兴趣的阶段，一般会使用贷记卡、信用卡、银行信用卡等词进行搜索，用以了解基本的信息；在比较咨询阶段，会搜索信用卡额度、信用卡利息、信用卡分期等内容，将这些词归为一组，可以有针对性地撰写创意；在产生购买阶段，就会搜索办理信用卡、信用卡申请、北京信用卡申请等关键词，这些词也可以归为一组。

关键词的分组方式也不是完全固定的，要根据推广需求、创意撰写是否合适等综合因素来考虑，好的分组能给推广工作带来更多便利。

3.2.5 设置关键词的出价

关键词的出价是一个动态的过程。先预估一个合理的出价范围，在这个范围内不断进行测试，从而选择相对合理的价格，因为这个价格是竞价，并不能固定下来，还需要根据搜索结果的表现、排名等因素再进行调整、测试。

1. 价格预估

价格预估可以使用百度关键词规划师价格查看工具查看关键词价格的范围，该工具会根据关键词和相关关键词给出推荐的出价价格，这个价格是最开始出价的一个参考，可以先确定一个较高的价格，看展现量和点击量的表现，然后再逐步提高或降低价格，根据表现数据确定一个范围，再进行持续的跟踪和调整。

2. 价格调整

在寻找到一个预估价格后，就可以开始进行竞价推广了，一般采用以下 3 个技巧进行出价管理。

（1）账户上线初期，设置一个比较高的价格进行测试位置，如使用排位 1～3 位的价格上线。

（2）通过观察后逐步降低价格，最终选择一个适合的位置。每隔 2 天左右降低价格，查看排位，测试出合理价格。一般排在第一屏即可，并非都要排在第一位。

（3）为了扩大影响力而选择的词，不用选择高出价，如品牌词和竞品词都是为了扩大宣传范围，在转化率上并不一定好，因此该类关键词可以降低出价，而提高转化率高的词的出价，以带来更多的曝光量和点击量。

任务 3.3　创意撰写

教学目标

1. 了解创意的要素与展现形式；
2. 了解各创意的要素规则；
3. 熟悉创意的相关概念；
4. 了解创意撰写的基本原则、规则与关键词；
5. 了解创意撰写的技巧。

创意撰写

3.3.1　创意要素

1. 创意要素及显示

在 SEM 推广中，搜索展现的广告推广内容是由广告主自主编写的，这些展示内容是为了吸引潜在用户，通过推广内容提高用户点击进入网站的可能性，这部分展示的内容就是创意，如图 3-12 所示。创意一般包括 3 个主体内容：①创意标题是搜索结果中最重要的部分；②创意描述是对产品和服务，或者推广者想要目标用户了解的内容；③显示 URL 是希望用户点击后进入页面或网站的地址。有些创意还会设置创意配图。

2. 创意要素的规则

创意标题最多显示 50 字符，即 25 个汉字。创意标题是吸引用户关注的关键要素。

创意描述分为两行，每行最多有 80 字符。因为在有些场景中只显示一行文字内容，这样在编写描述时，就要进行有意识的断句，保证只有一行显示时其内容的完整性。

创意配图在有些显示场景中会有图片出现，质量高的配图可以提升点击率，同时配图会针对某个推广单元的所有创意。

URL 分为显示 URL 和访问 URL。显示 URL 是在搜索结果中显示给用户看的，一般用于公司网站。访问 URL 不需要和显示的一致，它是最终让用户点击访问的地址。

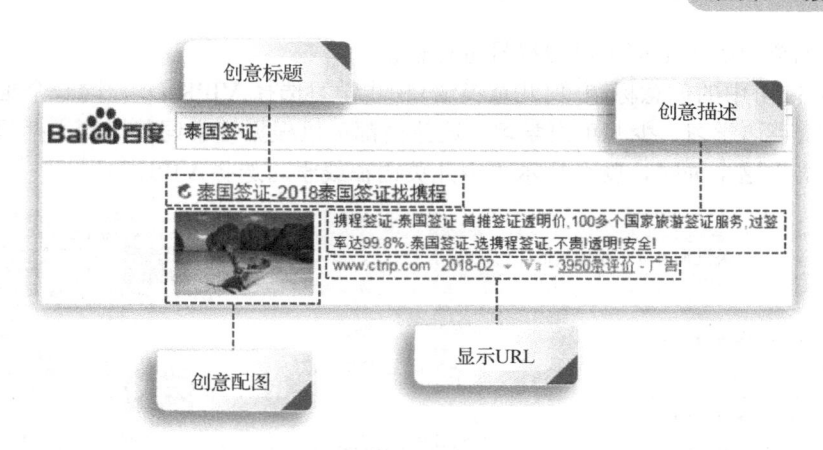

图 3-12 创意要素及显示

注意：1 个半角英文、数字、符号为 1 字符；1 个全角英文、数字、字符或汉字为 2 字符。
在百度推广后台可以看到创建页面，根据提示输入创意的内容，在页面右侧能够看到预览效果。

3.3.2 创意的重点概念

在创意中对重点概念要理解清楚，并在创意撰写时熟练应用。

1. 创意与关键词的关系

创意与关键词是多对多的关系。在一个推广单元中，一般有多个关键词和多个创意，每个关键词都可以通过通配符替换到创意中进行显示。当用户以某个关键词搜索时，这个关键词就能匹配到创意中，通过轮番显示或由系统自动判断显示较优的一条，如图 3-13 所示。

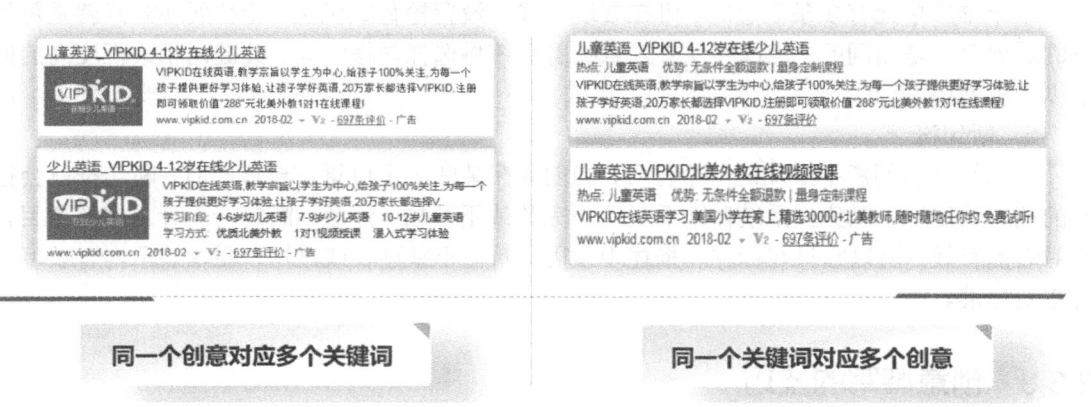

图 3-13 创意与关键词的关系

图 3-13 中搜索的是"少儿英语"和"儿童英语"两个关键词，除了关键词部分，其他内容的显示结果都一样，这就是用一个创意显示多个关键词。而关键词"儿童英语"却采用不同的创意显示出来了。

2. 通配符

通配符是创意撰写时最常用的符号，它起着替换关键词的作用。因为关键词与创意是多对多的关系，在创意中的关键词可以用符号进行替换。

例如，图 3-14 中的创意标题"{儿童英语}在线学习选择 VIPKID"，同一个推广单元中有少儿英语、儿童英语学习、少儿英语学习，这些词都可以根据搜索词替换到大括号中，当用户搜索"少儿英语"这个词时，就会显示"少儿英语在线学习选择 VIPKID"。

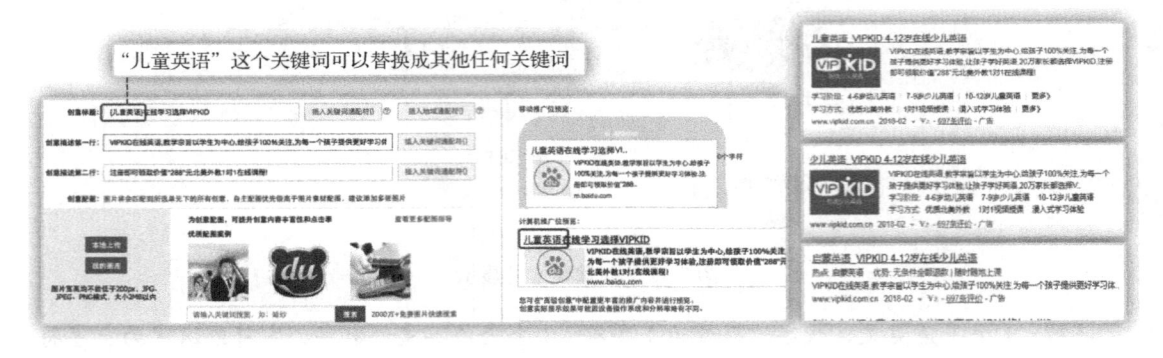

图 3-14　通配符

3. 飘红

如果用户的搜索词语与创意文字包含的词语完全一致或意义相近，则搜索结果就会以红色字体显示，这就是飘红。创意有飘红部分意味着推广结果能够满足自己的搜索需求，因此，飘红有助于吸引网民的关注视线，提高潜在用户点击访问网站的概率。

搜索结果出现 1～3 次的飘红时可显著提高用户对推广结果的关注。在创意撰写时，一定要注意让创意能够有一定程度的飘红，或使用通配符完成关键词的飘红，将对提高点击率有很大帮助。

4. 创意的展现方式

一个推广单元有多条创意时，可在展现方式上设置轮替或优选。轮替展现方式就是每条创意的展现概率是相同的。优选展现方式意味着系统将选择与搜索词、关键词相关程度高的创意予以更多展现。

5. 断句符

断句符是在创意中添加的一个符号，当创意在某些显示位置需要截断时，断句符就会把截断的地方确定好，以免被系统截断后显示不完整或不通顺。注意，断句符不计入字符数目，只针对右侧有效，所以它只在标题和描述中使用。断句不宜过长或过短，要以显示内容长度合适为主要标准。

3.3.3　创意撰写的技巧

创意内容必须针对关键词撰写，突出产品/服务的特色优势。创意显示的目的就是通过产品和服务吸引用户进行点击，所以要突出产品服务的特色优势。

给用户展示的内容要语句通畅、符合逻辑，杂乱的语言会让用户产生不信任感，从而影响推广效果。

1. 创意撰写规则

创意撰写规则是对搜索引擎的规范和一些经验的总结。

（1）不要夸大实际情况或包含虚假信息。

（2）正确使用符号、数字、字母、空格符，如在产品型号中必须包含的符号、数字或字母。

（3）避免使用特殊符号，包括但不限于【】、○、●、△、▲、◎、☆、★、◇、◆、□、■等。

（4）避免在标题和描述中，使用网址或类似网址的形式，如 www.baidu.com 等。

（5）避免使用含有贬低其他客户或直接与其他客户进行比较的用语。

（6）不能使用包括赌博、色情等宣传非法内容或有悖公序良俗的词汇。

（7）通配符尽量出现在标题左侧。

（8）按照"关键词+品牌+产品卖点/盈利模式"的组合方式进行撰写。

（9）突出产品卖点、服务优势、公司公信力等内容。

（10）对产品/服务优势进行提炼，突出产品/服务特色。

（11）创意中可以使用地域通配符，以突出地域服务性质、价格优势、产品质量等特色内容。

（12）尽量避免写一些空洞、没有本质意义的形容语句。

2. 创意撰写的技巧

（1）突出产品/服务特点、公司优势等内容。有些需要本地化的服务，可以在标题上突出地域性标志、产品和服务特点、价格等内容，再加上一些服务承诺，如北京区域、送花时限、免费送花等。在描述中加上支持先送花后付款等语句，都是对客户在某种程度上进行服务内容的灌输和引导。

（2）围绕单元主题撰写，突出检索词与实际业务之间的关系，如关键词为少儿英语。创意可加上"让孩子爱上英语"，并在描述中强调教学的特点，这个创意的撰写就会比较吸引人，能让家长明白服务的特点。

（3）最好包含价格促销等内容，特别是有些产品的目标用户，对价格比较敏感，而且包含的信息越具体越好，尽量避免一些无实质意义的形容语句。如鲜花预订，要让用户对鲜花的价格范围进行初步了解，知道价格在自己的可接受范围内，促使其点击更多内容。

（4）适当添加号召性的词语或诉求点，如"欢迎抢购"。但类似的词语不要过多，以免占用有限的字符位置，如图 3-15 所示中就使用了"即刻访问，一键购票"的词语对用户进行引导。

图 3-15 适当添加号召性的词语或诉求点

（5）适当添加符合语法的"！""？""-"等标点符号。正常标点符号的使用对于提升点击率有一定的帮助，但要遵照审核标准合理使用。

（6）利用通配符尽量多飘红，飘红词语有助于提升创意的点击率和转化率。实现方式有两种：①创意文字包含的词语与搜索词包含的词语完全一致或意义相近；②创意文字包含的地名覆盖用户所在的地域，搜索引擎能够根据用户的网络地址定位所在地域，所以在创意中，把地名用通配符替换就可以使城市地名飘红。如把"北京"一词使用通配符，在搜索时就会显示"北京"一词，并把"北京"一词飘红。

任务 3.4　搜索引擎优化

教学目标

1. 了解数据监测的主要方向和指标，以及 AB 测试法的相关内容；
2. 熟悉漏斗模型分析法的作用及主要问题的解决办法；
3. 了解 SEM 优化过程与优化内容；
4. 运用账户结构优化技巧进行优化；
5. 运用关键词优化技巧进行优化；
6. 运用创意优化技巧进行优化。

搜索引擎优化

3.4.1　优化指标

1. 数据监测

数据是优化工作的基础，需要对投放过程中的重要数据进行监测，通过数据反映投放过程中各项指标的问题。监测的主要方向有用户从哪里来、用户到哪里去、用户在网上做了什么、是否有好的效果与好的转化。

数据监测的主要指标包括推广、网站访问、用户转化 3 大环节。其中，在推广阶段需要重点监测广告的展现量、点击量、点击率等主要数据；在网站访问阶段需要重点监测访问量、跳出率、访问时长等主要数据；在用户转化阶段需要重点监测咨询量、订单量、转化率、投产比等主要数据。

2. SEM 优化指标

在用户搜索关键词阶段，主要看日均搜索量指标，根据日均搜索量的数据进行关键词的选词。在广告展现阶段重点看展现量、排名、质量度指标，在用户点击阶段重点看点击量、花费、点击率指标，展现阶段和点击阶段的指标属于推广指标，受账户设置的投放范围、预算、创意、出价的影响。用户到达着陆页阶段，主要看到达率指标。浏览网站内容时主要看跳出率、访问时长指标。到达和访问主要受网站自身的因素影响，包括访问速度、友好度、与搜索关键词相关度等因素。在转化和消费阶段主要看转化率、单个用户成本、投产比等指标，通过销售额等因素来计算。

在漏斗模型中，如图 3-16 所示，可以清晰地看出转化过程中一些关键要素所对应的数据监测指标，如用户指标可以通过媒体工具获取数据，推广指标可以通过推广账户获取数据，网站指标可以通过网站自身的监测工具获取，销售指标可以通过监测及销售工具获取。

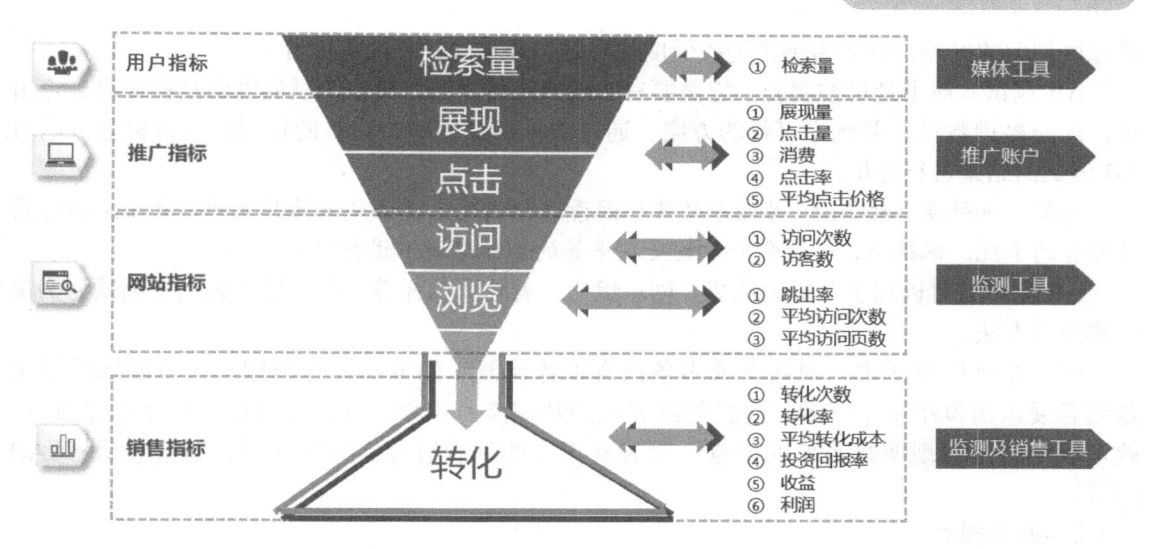

图 3-16　SEM 优化指标

3. 指标的意义

这些指标可以引导投放者发现问题，如图 3-17 所示。

数据内容	指标含义	客户意义
消费量	广告被点击产生的消费	花了多少钱
点击量	广告被用户点击的次数	带来多少用户点击
展现量	广告被展现给用户的次数	多少人看到广告
点击率	广告被点击的比率（点击量/展现量）	广告的吸引力
平均排名	广告展示在页面中的平均位次	广告排在哪里
转化	客户完成一次期望的行动	广告效果如何

图 3-17　指标内容

3.4.2　优化工具

优化过程中最常使用的工具是 AB 测试法和漏斗模型，其中 AB 测试法贯穿了整个投放优化工作过程。这里重点讲解通过漏斗模型分析找到投放中的问题所在。

1. AB 测试法

AB 测试指在同样的推广条件下，同时设置 A、B 两个方案，通过数据指标找到其中表现较优的方案。

AB 测试法适用于所有的优化内容，如广告关键词的优劣、着陆页面的转化率、同一推广单元内创意的好差、针对目标市场接受度的高低、通道转化率的高低等。

AB 测试本质上是可控实验。它需要有明确的设置要求，确定测试的方向是转化率、点击率、还是咨询数量，并制定可行的方案。通过数据跟踪比对、访客的资料获取分析等方法对 AB 测试的结果进行分析。

注意： 如果要针对 SEM 管理中的某个因素进行优化，就必须保持其他的因素恒定以过滤掉可能的干扰，保持 A、B 这两个方案处在平等的测试环境下进行对比。

AB 测试法可以用于关键词选择、创意优化、着陆页选择等步骤，这里以创意测试为例说明其使用方法。

同一个推广单元中，对两条或多条创意以轮流展示的规则进行测试，轮流展示的结果是创意展示的概率基本一致。根据创意展示的数据及点击率，可以看出哪个转化率比较差，就可以先否定表现明显不好的创意。对表现不好的创意进行完善优化后，再继续进行 AB 测试。

2. 漏斗模型

通过漏斗模型可以发现出现问题的环节，并通过该环节的指标找到优化方向，如图 3-18 所示。

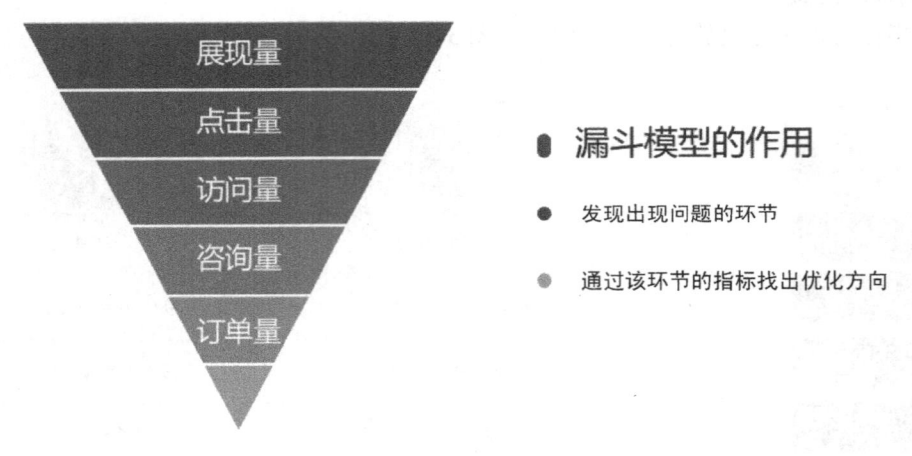

图 3-18 漏斗模型

（1）展现量

出现展现量低的情况是由于流量不足造成的。流量不足一般是出价低和关键词本身的问题。出价低可以通过提高出价进行测试。关键词的问题可通过以下方法进行优化。

① 关键词的类型较窄。优化方法是进行扩词，或者增加多种类型的词。
② 关键词的匹配问题。优化方法是从精确匹配调整到短语匹配或广泛匹配后再进行测试。
③ 关键词排名过于靠后。优化方法是对出价和创意进行测试。

（2）点击量

如果经常出现高展现量、低点击量的问题，一般是由于广告位置不好、创意缺乏吸引力、相关性比较差的情况导致的，可通过以下步骤进行优化。

① 筛选关键词。下载流量报告，筛选点击量为 0（或低于账户平均值），以及展现量不为 0 的关键词报告。
② 筛选数据。将筛选出的关键词按照展现量进行降序排列，选出 Top 关键词，优化推广

单元。

③ 定位原因。查看关键词、单元、创意、排名的情况，针对每个内容进行优化。

（3）访问量

如果经常出现停留时间短、跳出率高的问题，一般是由于创意相关度低、访问 URL 不合理、网站自身问题导致的，可通过以下测试找到问题并进行优化。

① 尝试调整创意。调整撰写创意的角度，以提高对关键词和创意的相关性。

② 更换访问 URL。对访问指向的页面进行更换，通过 AB 测试法寻找更合理的着陆页。

③ 调整网站结构或内容。根据监测工具查看数据报告，如通过对热力图的分析，找出网站本身存在的问题并改进。

（4）咨询量和订单量

如果出现转化量低的问题，一般是由于网站自身产品、服务、网站体验等问题导致的，需要通过以下方法对网站本身进行优化。

① 优化引导。研究浏览者的兴趣、行为和习惯，在着陆页给出浏览者最感兴趣的内容。

② 解答引导。从用户角度提供信息，给出最需要的解决方案。

③ 完善网站的互动。尽快发展访问用户，并主动进行沟通。

3.4.3 优化内容

1. 优化过程

需要对账户进行检查，包括两部分内容：①查看账户结构设置的合理性，涉及计划、单元、关键词的设置是否合理，查看整体数据指标趋势表现是整体平稳运行，还是数据呈下跌趋势，以及每个环节的数据走向是否正常；②针对账户和数据反映出来的问题，找到对应的环节，将数据样本单独拿出来进行分析，并确定问题的指标，如转化率低于正常水平值、展现量突然下降、网站流量异常等。

2. 账户结构优化

需要查看账户结构是否合理。有些账户随意添加计划和单元，导致管理混乱，在细节上会影响质量度，也不利于数据统计和分析。因此，应对账户结构进行优化，这是个长期过程，需要不断地调整完善账户结构，以适应当前推广阶段的需要。账户结构优化技巧如下。

（1）确保制作推广计划明细，不要将所有的推广都混在一起。

（2）确保推广单元与关键词的主题唯一。

（3）每个推广单元应保持 15～30 个关键词。

（4）将具有高流量、高消费、高转化的单元单独划分，必要时可将单元再重新细分为 2～3 个单元。

3. 关键词优化

关键词优化的 4 个步骤如下。

（1）找到表现差的关键词

关键词的表现通过数据比较就可以分析出来，包括始终没有展现（同等出价的条件下比较）、消费很多但没有转化、点击价格很高但没有转化等情况。

对于始终没有展现的情况，要检查关键词的匹配模式，使用广泛匹配让其有更多的展现机会，或者检查关键词本身是否过于长尾，导致没有搜索量。

对于消费和点击价格都很高但没有转化的情况，可以将其统一放到一个新的推广单元中，给出一个适当的价格，即先把其边缘化，以免影响其他表现好的推广单元的关键词。

（2）找到表现好的关键词

表现好的关键词其平均点击价格比较合理，使用合理的平均转化费用，能得到大量的转化和有效的点击。

要确保这些关键词在细分的推广单元中能拥有更好的创意、保持其排名靠前并提高预算。

（3）拓展好的关键词

如果某个关键词表现好，就要增加更多同类关键词进行测试，如"建材"表现突出，就可以增加"家居建材""装修建材""低价建材""便宜建材"等关键词，并将这些关键词细分到推广单元中，测试其表现并随时进行调整。

（4）添加其他关键词

从同义词、近义词等方面进行关键词拓展，可以借助关键词工具完成。添加之后对关键词进行跟踪和监控，以便及时调整。

4. 创意优化

（1）创意优化原则

创意优化原则的具体内容如图 3-19 所示。

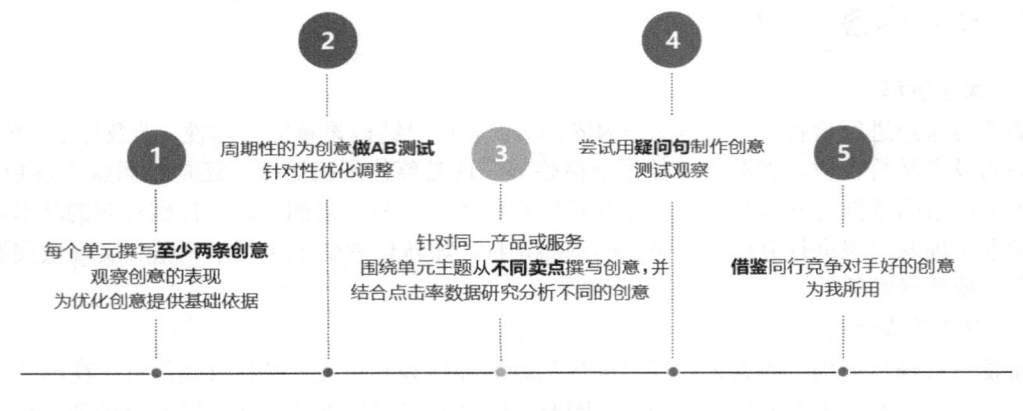

图 3-19 创意优化原则

（2）创意优化中出现的问题

创意对质量度、点击率、转化率都有直接的影响。创意的问题分别是不飘红、不通顺、不相关和不吸引人，遇到这 4 种创意问题时都要认真对待，使其得到比较好的解决。

① 不飘红。出现这种情况的主要原因：一是未嵌入通配符，可以通过撰写新创意嵌入通配符来解决；二是关键词超长未能嵌入，可以通过修改默认通配符使其成为单元内最长的关键字来解决，或者将关键词移到新的单元并撰写新创意。

② 不通顺。出现这种情况的主要原因：一是通配符简单重复，可以通过在原单元新增通顺创意来解决；二是单元划分不合理，由于关键词不是按"结构相同、意义相近"来划分单元的，可以通过重新划分单元来解决。

③ 不相关。出现这种情况的主要原因：单元划分不合理，需要按照"结构相同、意义相近"的原则重新划分，并围绕关键词撰写创意。

④ 不吸引人。出现这种情况的主要原因：创意撰写者没能抓住目标用户的心理。需要使

用多种编写方法，如突出数字、促销内容、标点符号组合等，吸引用户的注意力。

任务 3.5　实训：创意撰写

1. 实训背景

学生已经对 SEM 推广准备环节的创意撰写相关原理、技巧等知识形成了基础的认知，通过该实训活动，学生可以学以致用，从而掌握创意标题、描述等撰写技能。

2. 实训任务

为鲜花礼品网的某个推广单元撰写至少两条创意。

3. 实训步骤

（1）为鲜花礼品网选择某个推广单元，并将单元名称与关键词填入文档"创意撰写产出模板"的相应位置。

（2）通过查阅"创意集"，了解该网站已有创意及其他相关网站的创意，为本次实训做参考。

（3）撰写创意标题：确定创意标题，并填写到模板的相应位置中，注意在合适位置插入关键词通配符与地域通配符。

（4）撰写创意描述：确定创意描述的第 1 行和第 2 行内容，并填写到模板的相应位置，注意在合适位置插入关键词通配符。

（5）创意配图：从"配图集"中选取或自行选取适合的图片（不少于 3 张），并对图片进行处理后，添加到模板中的相应位置。

（6）上传实训成果，命名规则为"第*组—创意撰写产出"。

（7）教师点评+组间互评，参照"创意撰写标准"。

创意撰写标准

推广单元		
关键词		
项目	内容	思考或亮点
创意标题		说明你在设计标题时的思考或该标题的亮点
创意描述第 1 行		
创意描述第 2 行		
创意配图	此处附上至少 3 张配图	

项目 4 微信营销

任务 4.1 微信营销基础

教学目标

1. 能够阐述微信营销的优势及其商业价值；
2. 理解微信营销的适用行业；
3. 掌握公众号的类型与选择标准；
4. 能够根据自己的需求创建一个公众号，并完成基础设置；
5. 能够准确定位公众号，并取一个适合的名字。

案例引入

亿级曝光量背后的增长密码

北京表是一款腕表品牌，创立于 1958 年。北京表始终专注高复杂机芯制作与高端腕表定制。为了增强品牌影响力，北京表通过公众号文章底部和文中广告位，实现公众号曝光量达 1.6 亿，新增粉丝数为 10w+ 的宣传效果。广告从人群特征、兴趣爱好、年龄等角度，勾画目标用户画像，最终圈定了年龄在 25～60 岁，从事金融、法律、商业服务等相关职业的男性用户。广告页设计以中国红、军旅绿为主题色，如图 4-1 所示，突显品牌的年代感及经典国货的形象，吸引更多喜欢国潮及腕表的目标客户关注该公众号。

摘自腾讯广告 https://e.qq.com

图 4-1　广告页截图

微信的营销基础

4.1.1　微信的商业价值

微信的 7 大商业价值如图 4-2 所示。

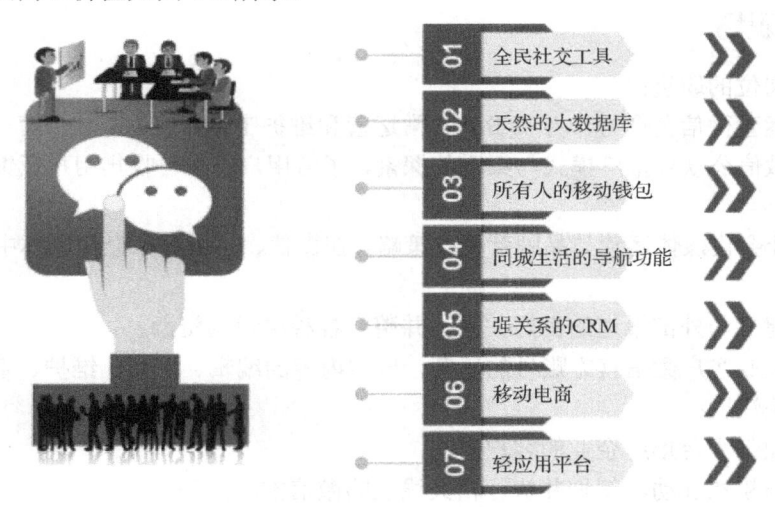

图 4-2　微信的 7 大商业价值

1. 全民社交工具

微信是全民社交的工具，已成为人们的一种生活方式。

2. 天然的大数据库

微信是天然的大数据库。

3. 所有人的移动钱包

微信是大家的移动钱包。自 2014 年微信可以捆绑银行卡后，如充话费、买电影票、收款、红包、转账、商家支付等功能都可以通过微信来完成。同时，微信支付也推动着微信公众号粉丝的流量变现。由于微信支付的实现，也令越来越多的人看到了它所带来的商机。

4. 同城生活的导航功能

微信可用于同城生活的导航，随着腾讯地图对微信的全面开放，使微信具备了生活导航的功能。

5. 强关系的 CRM

微信是强关系的 CRM（客户关系管理）。传统的客户管理是把客户的基本信息如姓名、电话、邮箱、消费等信息通过软件整理出来，经过数据分析和发掘，达到跟踪并促使老客户二次消费的目的。微信客户会主动关注公众号，其发出消息的接收度也较高，是一种强关系的 CRM。

6. 移动电商

电商平台或传统企业在微信上可实现购物闭环，依附于微信的商品展示入口更多。传统产业或公众号可根据自己的属性设计微店，通过微网站与公众号建立品牌的联动，根据粉丝动向迅速做出反应，制订更加精准的销售计划。

7. 轻应用平台

微信是一个轻应用平台，无须下载，即搜即用。

微信这个平台已成为人们生活的一部分，基于它的传播和推广方式，使信息的曝光率和到达率都很高，而且，强关系的 CRM 也能更加精准地定位受众，并进行客户关系管理。因此，使用微信做营销具有更多的便利性和机会。

▶ 直通职场

微信运营岗位的职责：

（1）独立运营微信公众号，并负责其日常运营和维护工作；

（2）负责微信公众号推广模式与渠道的探索，了解用户需求，收集用户反馈，并分析用户行为及需求；

（3）制定社会化媒体运营与品牌营销的策略，在微信、豆瓣等社会化媒体中开展品牌营销工作；

（4）负责建立与外部渠道的良好关系，并整合各种渠道的资源；

（5）负责企业客户微信官方账号的运营，日常内容的编辑、发布、维护、管理、互动，以提高影响力和关注度；

（6）利用微信平台推广企业的客户产品；

（7）定期与粉丝互动，策划并执行相关线上的微信推广活动；

（8）跟踪微信推广效果，分析数据并反馈，建立有效运营手段以提升用户的活跃度，增加粉丝数量；

（9）利用社会化新媒体的沟通方式，如微博、微信、论坛进行社会化营销，获取用户资源，创造口碑；

（10）负责制定微信运营策略及活动策划，以及相关微信日常内容的发布、更新和管理；

（11）能够熟练掌握并实施企业、产品、内容微信运营矩阵策略；

（12）制定并实施清晰的用户互动策略，发展粉丝与好友，通过持续互动转化潜在客户，提升企业及产品口碑。

4.1.2 适用行业参考

依据全球行业划分标准，有 11 个行业大类不适合或不需要在移动端进行推广，包括基础材料、金融、医疗保健、消费者非必需品、消费者常用品、地产业、能源、公用事业、工业、信息技术和电信服务,如图4-3所示。它们当中有些行业是可以利用移动端来补充服务功能的,但在微信端进行营销推广的行业并不多,也不太适合。

图 4-3 全球行业划分标准

与人们生活息息相关的,如餐饮、家政、酒店、物业等,或者在生活中人们关注度比较高的,如教育、健身等都是比较适合在微信端做营销的,如图4-4所示。

图 4-4 微信端营销行业

4.1.3 微信公众号的营销优势

无论是订阅号还是服务号,微信的营销优势都是基于微信的商业价值而实现的。在这里再小的个体(企业、机构和个人)也可以有自己的品牌。

微信公众号的营销优势如图4-5所示。

(1)提供有忠诚度与活跃度的客户。公众平台的粉丝都是主动关注的,愿意接受公众号所推送的内容。

(2)为客户提供有价值的信息。价值是企业一直强调的,如果只是为了发内容,而频繁地推送一些无用的信息,就会适得其反,既然微信公众平台让企业找到了客户,就要为客户提供有价值的信息。

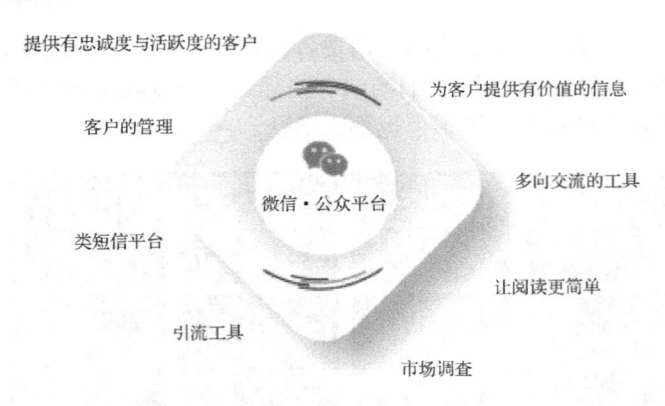

图 4-5 微信公众号的营销优势

（3）客户的管理。每个公众号的后台都会形成一个数据库，公众平台提供了查看功能或一些基本的客户素材。

（4）多向交流的工具。微信会自动为客户形成二维码，只需要将它附在微博、宣传单中就可以通过快速扫描找到。微信让虚拟和现实之间的界限变得模糊。利用二维码还可以购物、下载应用等。

（5）类短信平台。通过公众账号发送的消息可形成群发的效果。

（6）让阅读更简单。

（7）市场调查。企业可以通过微信进行市场调查，在此基础上编写推广计划，让消费者主动推广企业的产品或服务，从而加强品牌的影响力和认知度。

（8）引流工具。通过公众号可以实现导流的作用。

4.1.4 公众号类型与选择标准

在创建一个公众号之前，先要了解公众号的类型及特点，以便选择最适合的公众号类型。微信公众号有 4 种类型，分别是订阅号、服务号、企业号和小程序开发，其中常见的类型是服务号和订阅号，如图 4-6 所示。

图 4-6 公众号的类型及特点

服务号必须提供相关的组织代码才可申请,个人是无法申请的。

订阅号为媒体和个人提供了一种新的信息传播方式,可以构建与用户之间更好的沟通和管理,它的服务更加侧重于推送的内容质量。

订阅号与服务号的区别如图 4-7 所示。

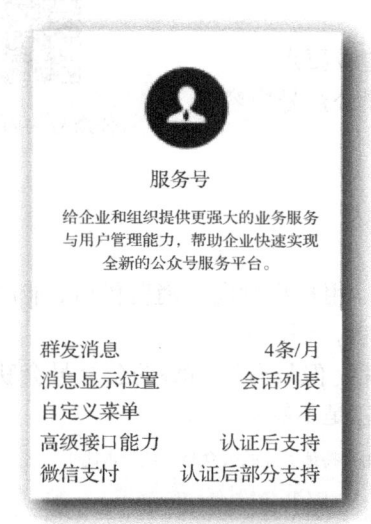

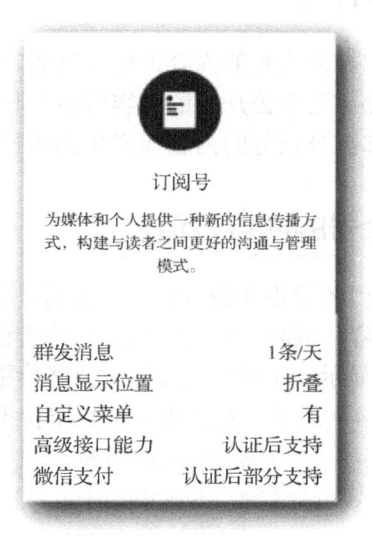

服务号	订阅号
给企业和组织提供更强大的业务服务与用户管理能力,帮助企业快速实现全新的公众号服务平台。	为媒体和个人提供一种新的信息传播方式,构建与读者之间更好的沟通与管理模式。
群发消息　　　4条/月	群发消息　　　1条/天
消息显示位置　会话列表	消息显示位置　折叠
自定义菜单　　有	自定义菜单　　有
高级接口能力　认证后支持	高级接口能力　认证后支持
微信支付　　　认证后部分支持	微信支付　　　认证后部分支持

图 4-7　订阅号与服务号的区别

公众号的选择标准如图 4-8 所示。

知名品牌型	宣传推广型	分享交流型
专业性强的行业和企业,用户足够多且数量稳定	利用公众号与客户进行沟通,从而宣传企业文化、品牌及最新动向	分享交流最新产品、要闻、资讯话题
↓	↓	↓
服务号	订阅号	订阅号

图 4-8　公众号的选择标准

在选择公众号的类型时,要先明确自己做公众号的出发点是什么。如果是知名品牌,已经有大量的用户和口碑的积累,不需要过多的宣传,能为用户提供更优质的服务,那么就适合做服务号。

如果开通微信公众号的目的是进行宣传和推广,与用户有更多的交流,则适合选择订阅号。

如果开通公众号是为了分享和交流,也适合选择订阅号。

任务 4.2　公众号的内容

教学目标

1. 熟练掌握公众号的内容价值、规划方法、建设要点；
2. 能够熟练运用公众号的内容编辑工具，编辑公众号内容；
3. 熟练掌握公众号的内容建设步骤和技能。

公众号的内容建设

4.2.1　公众号的内容价值

公众号的内容建设在企业营销中占有重要地位。用户更倾向于消费优质、能产生共鸣及热点消息等的内容。同时，他们更乐意做内容的生产者、评论者。

调查数据显示，有 60% 的公众号会坚持更新内容，但只有约 10% 的公众号会获得用户的持续关注，如图 4-9 所示。这就说明，只坚持推送内容是不够的。

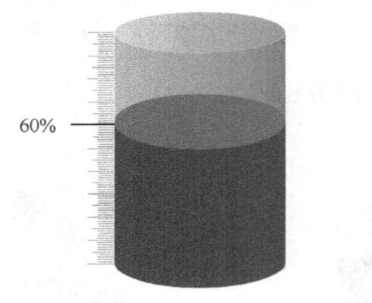

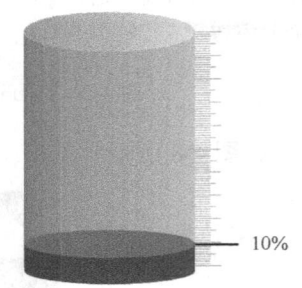

图 4-9　公众号的内容价值

根据调查分析发现，用户取消关注的原因有推送内容信息量少、公众号同质化严重（缺少自己的品牌特色）、更新的内容相关性不强、更新频率过低等，如图 4-10 所示。

图 4-10　建设公众号内容的注意事项

因此，在建设公众号内容时应该注意内容要有一定的辨识度、可读性和实用性。

4.2.2 公众号的内容规划

公众号内容的推送形式分为单图文和多图文，做内容的多采用单图文形式，专门推送优惠活动的公众号采用多图文形式。公众号的内容形式多种多样，应遵循有趣、有用、有料、有个性、内容故事化、娱乐化的原则。公众号内容建设的规划流程由定位、提炼、管理这3个步骤完成，如图4-11所示。

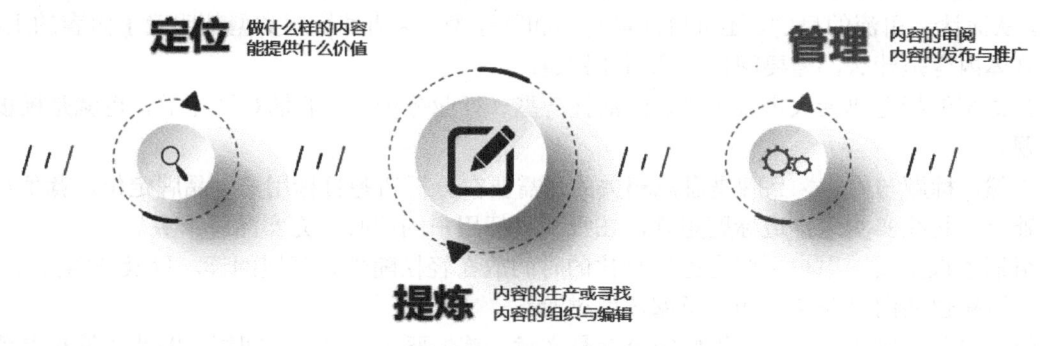

图 4-11 微信公众号的内容规划

4.2.3 公众号的内容建设

1. 内容定位

公众号的内容主体有两个：一个是信息的发送者（制作者），也就是运营者；另一个是信息的接受者（阅读者），也就是用户。运营者的诉求是让更多的人订阅关注，分享转发最终转化为购买力。而用户的诉求包括精神价值、实用价值和物质价值，两者交叉部分就是公众号定位的核心原则。公众号中常见的内容组织方法包括原创、蹭热点、素材型，内容的提炼与策划。我们看图4-12中的两篇文章，你更愿意关注谁呢？

图 4-12 微信公众号的内容建设

相信大家都会较为关注右侧的这篇文章。同为总结营销方法的文章，左侧的文章相对来说比较严肃，而"广告教父大卫奥格威的那些经典观点"以名人观点做标题，对于读者的吸引力会更强，同时，图文并茂的展现形式也更具可读性。

2. 内容策划的方法

先要关注标题，标题的作用就是引流，这是提高点击率和转化率的关键。标题的类型也较多，导读型是最常见的。

悬念型的标题表现形式也很多，常见的有留白型，即将重点内容用省略号代替，吊读者的胃口，从而达到引流的目的。还有自问自答型和陈述型，这两种标题类型都明确了内容的主题，但是具体内容是什么，需要阅读文章后才知道。

公式型的标题包括大事发生型、生活技巧型、行业分析型、职场鸡汤型等，也就是模板套路标题。

当然，标题与内容、品牌是息息相关的，需要在分析清楚目标用户、品牌定位、竞争对手的基础上，扎扎实实地打造标题矩阵，在吸引目标用户的同时，充实品牌形象。

组稿也很重要，用户更愿意把碎片化的时间放在轻松随性、延展阅读，以及非需阅读上。因此，组稿也要向"非需"和"泛阅读"过渡。

版式也是一种生产力。一篇好的公众号文章，首先要对字号、行间距、图片的编辑有整体规划，既规整又要有留白，其次还要包括音乐等多种元素。

因此，一篇文字适中、图文并茂、排版清爽的文章，能给人带来好的阅读体验，从而达到推广转化的目的。

任务 4.3　朋友圈推广

教学目标

1. 掌握朋友圈推广的形式、方法和策略；
2. 熟练运用朋友圈推广技巧进行推广。

朋友圈推广

4.3.1　利用朋友圈推广

朋友圈推广就是利用个人朋友圈做广告，或者是在朋友圈内投放广告，包括个人朋友圈广告和朋友圈投放广告两种，图4-13（a）为个人朋友圈广告，图4-13（b）为朋友圈投放广告。

利用个人朋友圈推广可以是个人为自己的店铺或产品做宣传，也可以是品牌或组织的公众号为自己的活动做推广，在朋友圈内转发。朋友圈投放广告则大多是企业或品牌投放的。

两者最明显的区别在于一个是免费的，另一个是付费的。此外，个人朋友圈的推广只能在个人所属朋友圈内传播，范围比较受限，而在朋友圈投放广告则不会有这样的限制。但是个人朋友圈内因为都是自己的好友，因此信任度较高，转化率也较高。而朋友圈投放广告只是单纯的广告与受众之间的关系，因此，相互关系比较疏远。

从广告构成的角度来看，朋友圈投放广告有5个组成部分：头像与昵称、外部链接、推广标签、图片与文案、互动，而个人朋友圈是没有外部链接和推广标签的。

项目4　微信营销

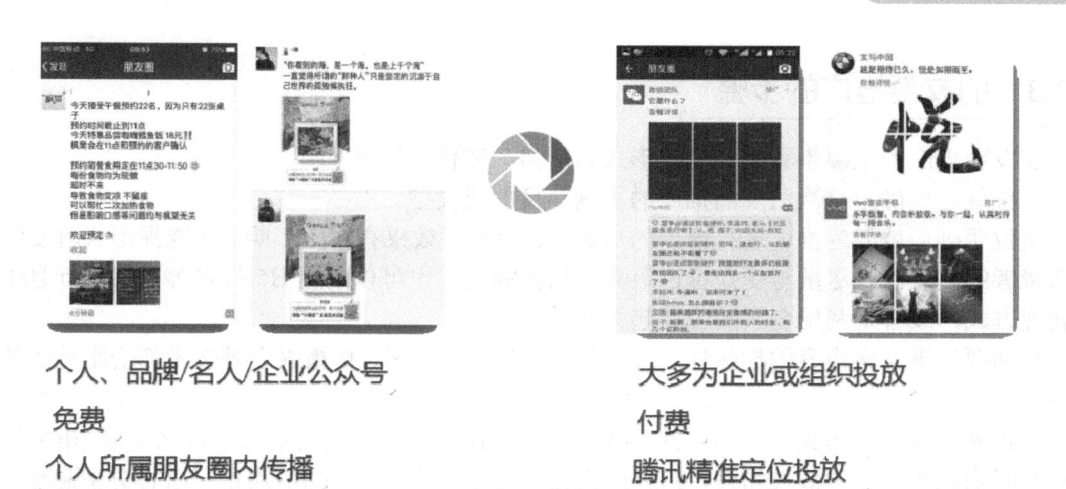

个人、品牌/名人/企业公众号　　　　　大多为企业或组织投放
免费　　　　　　　　　　　　　　　　付费
个人所属朋友圈内传播　　　　　　　　腾讯精准定位投放
信任度、转化率较高　　　　　　　　　关系维度较疏远

(a)　　　　　　　　　　　　　　　　　(b)

图 4-13　朋友圈推广

4.3.2　朋友圈推广的形式和目的

朋友圈推广按照呈现效果可分为 3 种形式：①图文广告。它是文字加图片的形式，还可以通过链接来补充更多信息。②视频广告。简单的文字介绍加一个短视频，点击进入会进行完整播放，这种展现形式更具有吸引力。③H5 广告。通过滑动页面浏览广告详情，这种形式具有生动有趣的效果。

朋友圈按照推广目的分为 3 种形式，分别为公众号推广、品牌活动推广和移动应用推广，如图 4-14 所示。

公众号推广　　　　　品牌活动推广　　　　　移动应用推广

图 4-14　朋友圈推广的形式和目的

73

4.3.3 朋友圈推广的步骤

朋友圈推广的主要步骤是定位、形式、传播、转化与管理。

定位就是要确定这次朋友圈推广的主题、目的或类型。

定位明确后就要为推广选择恰当的形式，这对推广效果有很大影响。在选择形式时要注重与消费者的关联性，尽量与受众拉近距离，抓住痛点，也可以利用 H5 技术等比较流行且生动的展现方式，或者是利用名人效应引起关注。

传播要注重文案内容的趣味性和互动性，同时推送时间、传播媒介等技术都会影响到传播效果。

广告通过传播到达受众之后，并不代表推广工作的结束，还需要关注转化与管理的环节，首先要明确此次推广的效果如何，并进行相应的数据统计工作，然后对推广进行分析总结，为以后的运营积攒经验。

4.3.4 引爆朋友圈的推广策略

想一想，为什么有的推广会刷爆朋友圈呢？

1. 推广传播的策略

（1）抓住朋友圈心理。一般情况下，我们在朋友圈发消息都是有原因的，如可以得到称赞，或者有一定的攀比心理，又或是要紧跟潮流。在做朋友圈推广时，这些心理都需要关注，做好其中一个，也许就会成为刷屏的原因。

（2）注重文案和内容。好的文案会成为受众点击的理由，而好的内容则会成为转发分享的原因。

（3）利用互动性。朋友圈内的分享、转发是十分便捷的，此外，好友点赞或评论同一条朋友圈，好友间是相互可知的，这种互动性可有效地扩大传播效果。

（4）优化展现形式。现在朋友圈推广大部分都会应用 H5 技术、短视频、名人效应等形式，更具趣味性，从而引发传播。

（5）赋予价值。朋友圈推广中要让受众看到其价值所在，这些价值可以是物质的，也可以是精神层面的。引爆朋友圈的策略如图 4-15 所示。

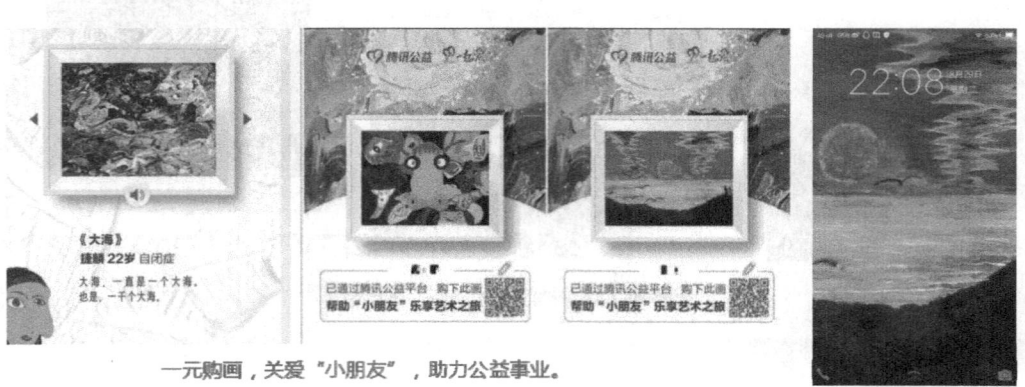

一元购画，关爱"小朋友"，助力公益事业。

图 4-15 引爆朋友圈的策略

2. 转化与管理方面的策略（个人朋友圈）

首先，精细化营销和分类。要对自己的朋友圈做深入了解，并分类管理，从而使推广更加精准。其次，朋友圈对内与对外的矩阵化。对内应要有掌控力，因为自己的每位好友都有自己的朋友圈，掌控好自己的朋友圈，就可以影响好友的朋友圈。对外应努力向外扩张自己的圈子，再好的产品，如果你一直在同一个圈子里发广告也会被嫌弃，所以需要不断扩充新受众。再次，朋友圈分销。开展朋友圈分销的方式扩大影响力。最后，大圈建群。朋友圈中人数众多，众口难调，面对同一个推广内容有人喜欢，有人厌恶，因此，可以根据不同类型进行推广，将朋友圈中反应相同的好友集中建群，从而达到更好的推广效果，转化与管理方面的策略（个人朋友圈），如图 4-16 所示。

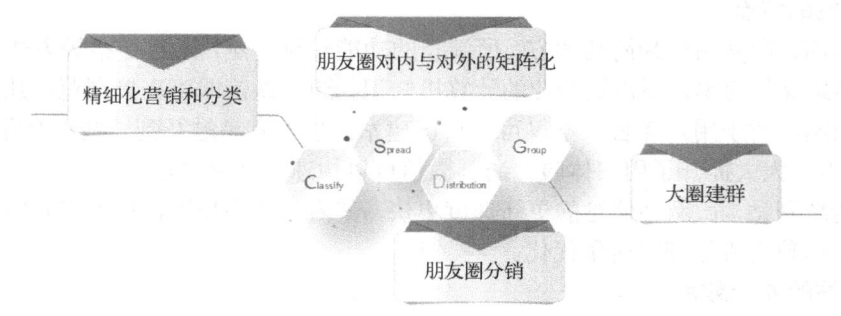

图 4-16　转化与管理方面的策略（个人朋友圈）

3. 转化与管理策略（朋友圈投放广告）

首先，成本核算。朋友圈投放广告必然要考虑成本问题，应在保证推广效果的前提下，尽可能地减少成本，因此要对计价标准及购买方式等信息做全面的了解和分析。

其次，传播媒介的使用。对朋友圈的转发分享功能要善加利用，扩展传播媒介，让自己的推广尽可能地增加影响力，提高转化率。

再次，广告内容的延伸。利用链接丰富推广内容，让受众获得更多有用的信息。

最后，推广目标多样化。不要只集中于产品宣传，品牌、App、公众号等都可以进行推广，当影响力达到一定程度后，自然会有人关注你的产品，如图 4-17 所示。

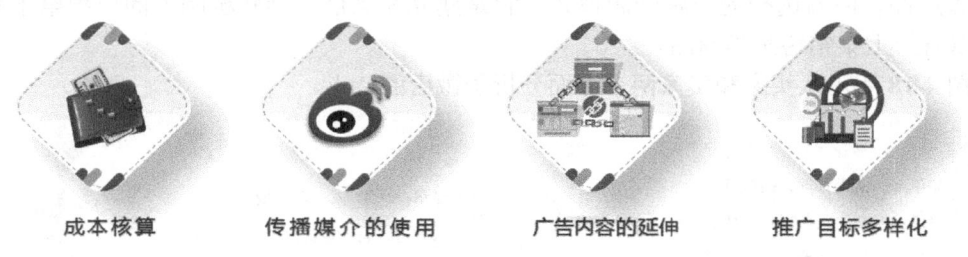

图 4-17　转化与管理策略（朋友圈投放广告）

任务 4.4　微信商家展示

微信商家展示

教学目标

1. 掌握微信商家展示的途径；

2. 能阐述各途径的特点；
3. 能够根据营销需求选择恰当的商家展示形式；
4. 能够搭建自己的微店。

4.4.1 微网站

微网站源于 Web、App 和网站的融合创新，兼容 iOS、Android、WP 等各大操作系统，可以方便地与微信、微博等应用链接，适应移动客户端对浏览体验与交互性能有要求的新一代网站。

1. 微网站的特点

在布局方面，微网站更为简洁大方，所涉及的功能一目了然，通过链接等方式可以扩充很多内容。微网站操作简单，不需要专业的计算机知识，通过微信即可直接浏览，几乎每个人都可以实现微网站，对于用户而言，不仅可以自己建站，也更容易触及到一些小企业、小品牌。H5 技术的应用，大大提升了用户体验，通过微信可以快速实现分享。

相对于传统网站，微网站信息的更新速度更快，其内容短小精悍，且不需要申请域名和空间，也不需要单独引流做搜索引擎优化。

2. 微网站的 4 个效用

（1）补充信息。在公众号中不便展示的内容，或者公众号中无法较好展示的内容，可以利用微网站进行弥补。

（2）优化展示效果。多样化的展示方式可以根据自己的设计，更好地向用户展示自身的特点，以吸引用户。

（3）替代或延展自定义菜单。向用户展示更多的功能与服务。

（4）推进宣传或营销。微网站可以进行针对性的操作和优化，以达到更佳的效果。

4.4.2 微店

微店是许多微商选择的一种开店模式。它是建立在微信规则和机制上的一种电子商务模式，可以直接上架销售某类商品。

如图 4-18 所示从买家和卖家两个方面分析了微店的特点。

产品单一，便于管理，门槛低
一般借助专业的服务平台，便于推广，转化率高
手机操作，随时随地，方便快捷
便于利用社交媒体或名人效应

卖家

产品单一、专业，便于选择
名人效应，有一定保障
购买过程简单便捷

买家

图 4-18　微店的特点

商家会借助一些成熟平台进行产品的推广，不同类型的商家可以选择不同的平台。微店实现平台及其适合的商家：口袋购物适合有货源的个人；有赞、微盟比较适合大规模的品牌商或零售商；京东微店商家大多为京东 POP 平台商家；拍拍小店的店主大多为个人，供货商来自京东平台和拍拍平台，比较适合没有货源的微商。

不论是品牌商、小微商，还是周边类产品的售卖，如果店铺的规模不大，产品较为单一，采用 C2C 电商模式就可以选择微店这种形式进行经营。如果你是媒体红人，那么店铺就会有更多的粉丝和顾客。

微店应用场景如图 4-19 所示。

图 4-19 微店的应用场景

- 专注单一产品的个人或小型卖家。这种类型的微店一般会专攻一种类型的产品，更为专业和精细。
- 品牌商对企业品牌进行推广。
- 名人或社交媒体红人，或者经营的商品与名人相关。

4.4.3 微商城

微商城是基于微信公众平台的一体化的企业购物系统。通过微信商城平台，可实现商品查询、选购、体验、互动、订购、支付的线上与线下一体化服务。

它依靠商品品类的划分，可设置多元化的商品，以及多种商品活动、会员优惠等。

微商城的页面及基本框架如图 4-20 所示。

微商城适合产品种类较多的商家，如大型的淘宝卖家、经销商，以及超市、B2C 这种垂直电商等，利用公众号平台入口及朋友圈分享等模式实现购买转化，并且不需要下载 App 客户端。它的功能比较强大，购物也更加便捷。微商城可以承载更多的营销活动，包括微团购、微众筹、一元夺宝、微秒杀、微砍价、降价拍等。

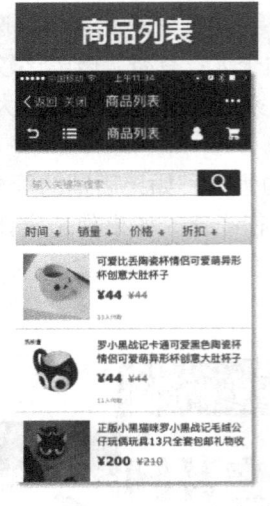

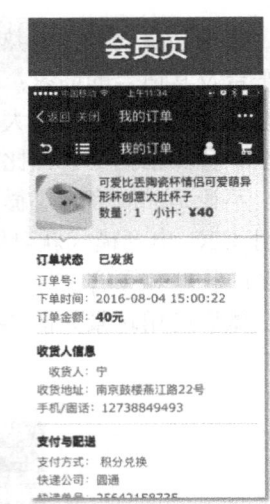

图 4-20　微商城页面及基本框架

任务 4.5　实训：企业微信营销

1. 实训背景及任务

学生对朋友圈推广的技巧方法已有了一定的了解，知道了引爆朋友圈的一些策略。学生在自己的朋友圈中发布一则广告，以完成在朋友圈的推广工作。

2. 实训要求

（1）对实训材料中的案例进行细致分析；

（2）根据课程及实训材料，归纳出推广过程中需要注意的地方，以及需要应用的知识点；

（3）明确自身定位，应用所学知识完成广告素材的制作；

（4）将制作好的广告发布到朋友圈中，学生之间可互相查看，并给自己喜欢的广告作品点赞、评论。

3. 实训平台

（1）百度 www.baidu.com。

（2）豆瓣电影排行榜 https://movie.douban.com/chart。

（3）豆瓣 2020 年度读书榜单 https://book.douban.com/annual/2020?source=navigation#1。

4. 实训步骤

（1）对实训材料进行解读、分析、归纳；

（2）选择自己的推广目标，可以为自己的公众号做推广，或者为某个喜欢的店铺做推广，也可以推广自己喜爱的书籍或电影等；

（3）将课程内容、实训材料和自己的推广目标相结合，明确推广时需要应用的知识点、广告形式、广告风格等；

（4）根据以上步骤得到的结果，收集广告需要的素材，完成广告文案、图片、H5 技术等内容的制作；

（5）将制作好的广告发布在朋友圈中，学生之间可互相查看，给自己喜欢的广告作品点赞，并将建议或想法写在评论中；

（6）由教师对优秀的广告作品进行点评。

项目 5 微博营销

任务 5.1 微博营销的概述

教学目标

1. 能够理解并复述微博的内涵；
2. 能够理解并复述微博的独特优势；
3. 能够理解并掌握企业微博的营销模式。

案例引入

"99 划算节"的微博营销

阿里巴巴宣布将聚划算的 99 大促活动，正式升级为"99 划算节"，这是盘活下沉市场的又一个造节行动。阿里巴巴联合微博台网深度定制话题页，聚合 7 大主题 PK 互动模块及 7 大衍生话题，深度融合自动触发博文及昵称后 icon 功能，匹配强势运营资源，助力话题声量引爆和狂欢氛围的打造。

凭借#聚划算 99 划算节#、#南北欢聚#等矩阵话题数倍于同期大促话题，和同期刷屏级热点#2019 男篮世界杯#的阅读量化身"顶级流量"，引发段子手、美妆类、视频类等纷纷发声。

"99 划算节"期间，"千万爆款团"成为盘活品牌下沉的关键动力，1500 多个单品的售卖超过万件，成交额破百万元的单品达到 1250 个。销冠单品为完美日记唇釉，爆卖了 68 万件。在"99 划算节"上销量爆发的不少单品都是品牌和聚划算的合作定制款，如百丽的小虎牙老爹鞋日销 7800 双，单品销售额超 270 万元，较去年"99 划算节"单品同比增长 1326%，如图 5-1 所示。

摘自社会化营销案例库 https://hd.weibo.com

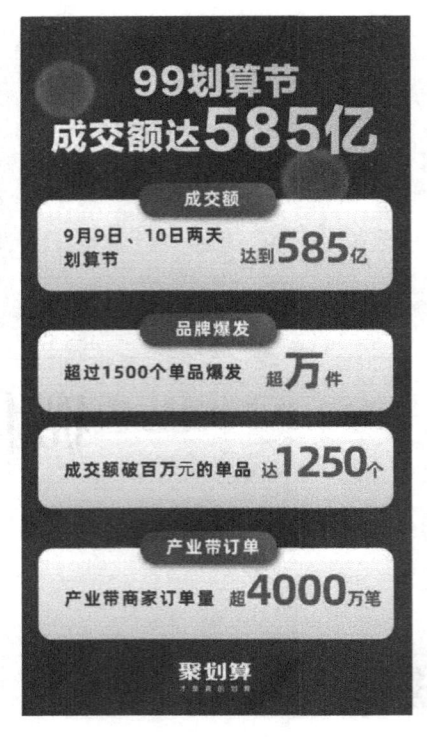

图 5-1 "99 划算节"的微博营销成果

微博营销的概述

5.1.1 微博的发展史

互联网具有联、互和网的本质特征。

（1）联。指联结，就是把人们通过互联网联结起来，使人们可以在线上进行交流、分享和讨论。

（2）互。指互动，就是海量的人同时互动的能力，如在微博上就可以有海量的人同时在线进行互动。

（3）网。随着人和人、人和信息之间的互动越来越丰富，形成了越来越繁密的网络，就可以用更高效的方法完成原来很难实现的事情。微博营销就是通过微博实时触达亿级用户的，通过这种网络结构也可以看到一些刷屏级的信息出现得越来越快。

微博（微型博客）是一种通过关注机制分享简短实时信息的广播式社交网络平台。微博发展经历的主要阶段如下。

2006 年，美国推出了微博客服务的网站（Twitter），它允许用户将自己的最新动态、所见所闻和想法、看法以短信息的形式发送给手机和个性化网站群，而不仅是发送给个人。当用户接收到其认为值得推荐的信息后，就会重新将其发送，传播给更广泛的人群。这意味着或许你只有少数关注者，但通过关注者的重复转发，你的信息就会被交叉传播并快速放大。

中国本土化的微博产品于 2007 年出现，代表产品有饭否、腾讯滔滔。

2009 年，以一些国内门户网站开始强力加入为标志，中国微博开始进入蓬勃发展时期，国内微博市场明显升温，发展速度惊人。2009 年 8 月新浪推出微博产品后，中国微博领域开始大洗牌。

2010 年微博不管是从用户范围，还是影响力上，都达到了前所未有的高度。此外，有多起新闻标志性事件均在微博引爆，并逐渐扩展到传统媒体，微博开始成为一股重要的媒体力量。到 2014 年新浪微博已成为了国内有影响力、受瞩目的微博运营商。微博的发展过程如图 5-2 所示。

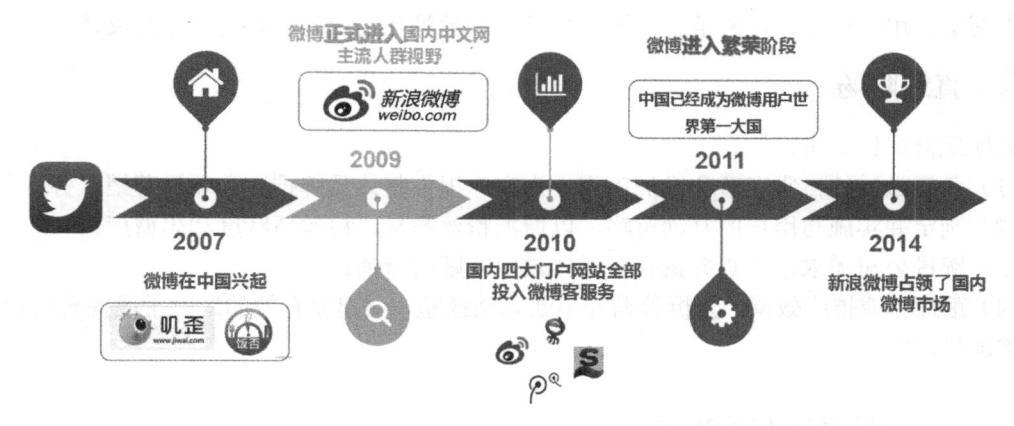

图 5-2　微博的发展过程

5.1.2　微博的独特优势

微博具有即时性、广泛性和互动性的独特优势，如图 5-3 所示。

图 5-3　微博的独特优势

1．即时性

即时性完全是由其平台运作机制决定的，微博不像传统的报纸、电视等媒体那样，需要很长时间进行制作和准备，也不像 SEO、硬广告等网络推广方式需要等待生效，并需要搜索等行为来实施。例如，在微博中只要你是我的粉丝，那么我发布的信息你就能看到，这个特点对营销来说，时效性非常强。

2. 广泛性

微博的信息传播是一对多的广播式信息主动传递模式，这既不同于全网 SEO 的被动传播模式，又不同于 QQ 的一对一交流模式。当有合适内容时，就会使微博推广传递的范围非常大。

3. 互动性

微博上的用户可以通过私信、评论、转发、点赞等互动行为，对内容进行反馈。

> **直通职场**

微博运营岗位职责：
（1）负责微博的日常运营和维护工作，为客户提供整体品牌推广和项目营销服务；
（2）制定并实施与用户的互动策略，以增加粉丝数量、粉丝活跃度和忠诚度；
（3）跟进公司需求，策划并执行新媒体热门话题的营销；
（4）跟踪微博推广效果，分析数据并不断总结经验，以建立有效的运营手段提升用户活跃度，增加粉丝数量。

5.1.3 企业微博的营销模式

1. 品牌及产品曝光

这是微博营销最重要的目的和方式，一些规模较大的企业，经营微博的目标是希望通过微博做品牌宣传，通过发布品牌信息，与客户建立关系，为品牌服务。

2. 互动营销活动

互动是互联网的精髓。如何让广告或新闻传达到更多的人，是每个做微博营销的人必须思考的，在微博上，人情味、趣味性、利益性、个性化等都是引发网友互动的要点，所以，企业与用户进行"朋友式的交流"是非常重要的。

3. 在线客户服务

微博具备全天候 24 小时、即时性、一对多等服务特性，所以，微博为企业客服打开了一个新鲜的窗口。服务型企业在进入微博的第一时间就需要建立"客服账号"，进行售前咨询、售后服务、产品调查等服务，如中国电信客服的微博就可以提供业务查询、受理、申告、投诉、建议等服务，如图 5-4 所示。

图 5-4 中国电信客服的微博

4. 电子商务

微博的出现给企业产品销售带来了一种全新的渠道。在微博上，可以有专门频道放置产品展示，并链接至淘宝网引导用户直接购买。

5. 微博硬广告

基于微博注册用户的大数据整合分析用户的人口属性、生活轨迹、兴趣爱好、社交活动和消费习惯等，可以做人群的自然属性定向（如性别、年龄等）和社会属性定向（如地域定向、兴趣内容定向、重定向等），为精准营销提供依据，如图5-5所示。

图 5-5 微博大数据

6. 软性植入式广告

先看一个植入式广告：白娘子现了原形后躲藏了起来，许仙狂奔到西湖边找到船夫，急切地问："快告诉我，娘子在哪里？"船夫一脸茫然："我，我不知道。"许仙发疯似地紧紧掐住船夫："你是摆渡（百度）怎么可能不知道呢！"

微博是植入式广告的最好载体之一。我们经常看到的微博段子手发布的内容，可能就是一种软性植入式广告，如图5-6所示。

图 5-6 植入式广告

7. 舆情监测与危机公关

随着社会化媒体的到来，每个草根用户都拥有了自己的"嘴巴"，微博自然是"品牌舆情"的重要阵地。越来越多的企业都会在微博上追踪对其品牌的评价，以及监测舆论的情况。

这些真实的声音可以帮助企业迅速触摸到消费者心理、对产品的感受，以及最新的需求，获取市场动态乃至公关危机的先兆。

2010年以来，全国各地的公安系统相继开通了公安微博，使微博成为政府上网的一个全新的重要途径。同样，企业需要实时监测受众对于品牌或产品的评论及疑问，如遇到企业危机事件就可通过微博对负面口碑进行正面引导，将企业的损失降至最低。

2011年8月22日一篇《记者卧底"海底捞"揭秘》的文章，直指该企业骨汤勾兑、产品不承重、员工偷吃等问题，引起社会的轩然大波。当天的15点02分海底捞餐饮股份有限公司（以下简称海底捞）官方微博发出《关于媒体报道事件的说明》，声明中语气诚恳，承认勾兑事实及其他存在的问题，并感谢媒体监督。

当天的16点18分海底捞官方微博发出《海底捞关于食品添加剂公示备案情况的通报》，态度更加诚恳。23日12点海底捞官网及微博发出《海底捞就顾客和媒体等各界关心问题的说明》，就勾兑问题及员工采访问题进行了重点解释。后来海底捞邀请媒体记者，全程记录骨汤勾兑过程，于是视频、照片瞬间布满网络，事件就此暂时画上圆满句号。由此可以看到舆情监测与危机公关的重要性。

微博是一种通过关注机制分享简短实时信息的广播式的社交网络平台，其本质是一种社会化媒体。从Twitter的微博客服务开始，到中国本土化微博产品的出现和蓬勃发展，最终形成新浪微博、腾讯微博、网易微博、搜狐微博4大门户网站。利用微博进行营销的独特优势主要包括即时性、广泛性和互动性。企业微博营销的模式有品牌及产品曝光、互动营销活动、在线客户服务、电子商务、微博硬广告、软性植入广告、舆情监测与危机公关，企业做微博营销会兼顾以上一种或几种方式。

● 课程讨论

浏览小米手机的企业微博，小组内讨论该企业微博在营销模式上的应用情况，可从以下3个方面进行讨论：

（1）该企业微博营销的特点是什么？
（2）该企业微博应用了哪一种或几种营销模式？
（3）每种营销模式应用的成功之处在哪里？

任务5.2　企业微博内容规划的方法

● 教学目标

1. 能够理解并概述微博定位的方法；
2. 能够理解并概述微博搭建的原则与要素；
3. 能够运用企业微博内容规划的方法；
4. 能够理解并概述微博数据指标的核心内涵；
5. 能够理解微博数据分析的方法。

企业微博内容规划的方法

5.2.1 微博定位

微博营销的第一步就是要进行微博定位。

首先,从微博的目的出发来考虑微博的定位,是要做企业新闻窗口,还是做一个有影响力的自媒体大号。很多人不清楚自己到底要做怎样的自媒体账号,看到别人做得好就会一味地跟风去做。

其次,明确用户群。结合品牌和产品的用户特性,定位微博渠道的用户群体,如用户是以男性居多还是女性居多,职业是学生还是职场人士等。但是也不要被产品和品牌的用户群体所限制,只看品牌和产品的用户群体,而忘了微博平台本身的用户群体特性。

最后,定位要结合企业的品牌形象。定位的刻画要清晰,否则企业在微博上的表现就会南辕北辙,如天猫商城在微博上已经有淘宝网等账号,为了更好地与粉丝互动交流,天猫商城又注册了"@今天有什么好黑的",并将其以天猫公仔形象为切入点,用拟人化的称谓与粉丝互动,受到了粉丝们的欢迎,如图5-7所示。

图 5-7 微博定位

5.2.2 微博搭建

1. 搭建原则

明确了微博定位就要按照定位来进行企业微博的搭建,并且所有涉及的搭建要素都必须紧紧围绕在微博定位上,如关注的人群都是中产白领阶层需要理财的用户,而企业的微博头像却是少女的卡通头像,即使配有金融财经专家的签名,也会让用户产生不信任感。

2. 搭建要素

微博搭建要素如图5-8所示。

(1)头像

头像会生成3个尺寸,上传时要注意所有尺寸在图像中显示的元素都是完整的,上传后要检查头像中的元素是否能够正确显示。

(2) 昵称、资料等

昵称、官方资料和认证信息按照企业的相关资料补全即可，可以让用户很方便地了解企业是做什么的，以及如何快速联系到企业，通过微博认证更容易获得用户的信任。

(3) 标签

标签的存在是为了更好地收集和管理信息，所以在企业微博标签里可以贴上企业的业务领域、主营产品等信息，以方便用户查找。

(4) 个性域名

个性域名是为了在其他渠道展示时比较美观。它应有一定的内涵，可以设置为品牌词，以方便用户记忆。

(5) 封面

封面可以应用微博提供的模板，更多的企业会选择自己设计的背景图。在背景图中可以选择放置与企业品牌定位相符的元素，或者放置想要营造微博定位氛围的图片，以保证微博头像和封面的效果与微博定位一致。

图 5-8　微博搭建要素

当把这些相关信息填写完整后，一般用户就可以通过这些信息更好地了解企业，形成对企业的第一印象。

5.2.3　微博互动

微博运营本质上是对内容的运营，搭建好企业微博后，就可以利用微博来发布品牌信息及互动信息。根据来源微博内容可分为 OGC 和 UGC（PGC），即官方输出的内容和用户产生的内容，其中 PGC 是专业用户或意见领袖产生的内容。

首先，官方输出的内容是企业品牌和产品的延伸内容，应根据产品和用户特性，调整内容的呈现形式，以及输出用户偏好的内容。例如，手机类型的微博就可以输出一些手机的使用小常识等干货内容。其次，结合时间节点和热点事件来策划活动，也可以定制微博栏目，根据渠道和用户定位制定一些栏目，如#手机小课堂#、#手机体验日#、#周三福利日#等栏目。

微博不能只有官方输出的内容，要合理搭配用户产出的内容，激活用户的参与感，可以发起一些活动让用户参与，或者通过与用户互动刺激 UGC 产生，如手机类型的微博就可以发起体验贴的活动，让用户输出体验内容。健美塑形类型的微博就可以邀请用户分享自己身材变化的照片等，在用户输出内容的基础上，再次进行策划包装，既可以进行二次传播，也可以体现对用户的肯定，从而激发更强的参与性。

需要在发微博之前就对能达到微博营销目的、围绕微博定位的内容做一个整体性的梳理，然后详细地规划每天要发布多少篇微博、这些微博涉及哪些内容、什么时间点发布，并且要考虑节日热点、社会热点、突发情况等因素，这样在发布微博内容时就可以做到有条不紊，变得有节奏感。

5.2.4　数据分析

企业微博可提供非常专业的数据分析模块，涉及数据包括数据概览、粉丝分析、互动分析、相关账号分析、文章分析、视频分析、大数据实验室等。其中，具体的数据内容有微博信息数、粉丝数（反映人气）、关注数、评论数（反映微博内容的受欢迎程度和微博用户的活跃度）、转发总数（反映微博内容的受欢迎程度和微博用户的活跃度）、平均转发数、平均评论数、二级粉丝数、性别比例、粉丝分布数、粉丝活跃度、粉丝质量、微博活跃度、粉丝增长数、搜索结果数（在微博搜索框中输入指定关键词得到的结果数，可以反映企业品牌或产品名称被提及的总数）、销售/订单、PV/IP、转发数、评论数等。

数据是为微博营销服务的，进行微博数据分析时要了解企业所处的行业热点、企业发展阶段、微博营销目的等因素，综合考虑后再进行数据分析。

例如，如果是媒体类的行业，首要因素是影响力，那么就必须关注粉丝数量的增长和文章阅读及评论转发数量；如果是电子商务企业或企业主要目的是进行辅助销售，那么就必须关注粉丝的质量（若粉丝的质量较低，获得的粉丝数量越多，企业的负担反而越重）、粉丝的活跃度和订单成交等数据。

（1）分析自身微博。以 A 公司微博为例，其 4 月和 5 月的数据统计如图 5-9 所示。

时间	粉丝增长 数量	粉丝增长 增长率	微博数量	转发 转发总数	转发 平均转发数	评论 评论总数	评论 平均评论	搜索结果数 增长	搜索结果数 增长率
4月	5545	37%	208	2196	10.6	909	4.4	4035	18%
5月	5461	27%	284	4093	14.7	1429	5	3658	12%

图 5-9　微博数据分析

可以看到 4 月和 5 月的粉丝增加数量都差不多，5 月的微博数量从 208 增加到 284，转发总数就从 2196 次增加到 4093 次，评论增长了 520，这些数据说明了微博营销的效果是否理想。

下面再针对具体指标做进一步分析。

① 粉丝数量的增长：4 月和 5 月的活动数量相当，所以总体增量基本持平。

② 转发/评论：5 月微博数量增加了 27%，而转发总数和评论总数均增加了近 1 倍，平均转发数有提高，说明内容受粉丝欢迎的程度及粉丝活跃度均有所提高，原因可能是 5 月的策划内容更加贴近粉丝的需求，从而促进转发数和评论数的增加。

③ 搜索结果数：这个指标有很重要的意义，可直接反映企业在微博上被提及和讨论的程度，如果粉丝数量与搜索结果数差距太大，则说明可能存在两种情况：僵尸粉较多，或者有效

粉丝太少；粉丝活跃度很低，需要企业做合理的引导激发。

从以上内容得出 3 个结论：①转发/评论反映微博内容是否受欢迎及粉丝活跃度；②搜索结果数反映企业在微博上被曝光的程度，用户在微博上提到的企业次数越多，越有可能激发用户的口碑传播；③微博营销的考核不能仅以粉丝增量或转发数来评判，必须综合整体的各项数据来进行考量。

（2）对比分析他人微博。通过微博的付费工具就可以看出差距，如图 5-10 所示。

图 5-10　微博的账号对比

首先，微博营销要进行微博定位，可以围绕微博目标和微博用户群，结合品牌企业形象等进行定位；其次，微博搭建的原则是围绕微博定位，搭建的要素包括头像、昵称、标签、个性域名、封面；再次，围绕微博进行互动，其中对微博内容的规划至关重要，它可有效避免微博营销的无效性；最后，对微博数据进行分析可以提高运营效率，由于微博涉及的数据有很多，进行微博数据分析必须了解企业所处的行业热点、企业发展阶段、微博营销目的等因素。

任务 5.3　企业微博活动的策划与设置

教学目标

1. 能够理解并概述企业微博活动的类型；
2. 能够理解并概述 AARRR 模型的核心内涵；
3. 能够运用微博的增粉技巧；
4. 能够掌握微博活动的策划流程。

企业微博活动的策划与设置

5.3.1　微博增粉

1. 借势

新注册的微博账号要到有流量的地方进行曝光，曝光就意味着能有更多吸引人的机会。在热门话题中蹭热点就会得到大量曝光的机会，用户对你发布的内容感兴趣，自然就会关注你的微博。这里应注意，企业的微博营销是一个长期的系统工程，不可进入纯粹为了流量或推广而不重视内容和品牌建设的误区。

2. 利用微博活动

新浪微博的活动广场包含有奖转发、限时抢、有奖征集、免费试用 4 种玩法，吸引了众多企业和用户前来参与。因为这里是新浪微博二级入口，所以用户流量巨大，只要活动方式和内容能够赢得用户喜欢，就会吸引众用户来参与和互动。微博活动的要点在于策划好的活动主题，弱化商业属性，以轻松、有趣的内容为主，既要宣传产品，更要考虑用户的感受，一个好的微博活动让用户既能得到物质奖励，又愿意成为企业的粉丝，与企业进行更多的互动。

3. 有效互动

微博流量多集中在热门的大 V、事件、话题上，进行微博营销时可以选择合适的内容进行互动，每天增加几百甚至是几千粉丝都会很轻松。

4. 互推

互推是一种有效的增粉推广方式，是微博账号之间互换粉丝的一个过程。选择互推账号一定要审慎，应考虑粉丝的接受度。另外，互推会实现微博内容的有效阅读，为冲热门排行榜提供了途径。寻找互推资源时，可在 QQ 群搜索框内搜索相关的关键词，如微博账号互推。进群后根据自己微博的情况，选择互推账号即可，也可以直接在微博中私信联系与自己相当的账号。建立这种互推渠道后，粉丝就会稳步增长。微博增粉方式如图 5-11 所示。

图 5-11　微博增粉方式

还可以从外部渠道进行引流，达到增粉的目的，如企业的官网、线下发的宣传册、优惠券、企业在付费媒体上做的推广等，都可以放上企业的微博和微信二维码，让更多的用户关注企业账号，并通过运营来持续地发展用户。

5.3.2　微博活动策划

策划微博活动前要确定活动的目的。这个活动到底要达到什么营销目标，是为了提升品牌形象，还是为了维护与老用户的关系，或者是为了推介新产品，只有明确了目标，活动的效果才会更好。给活动定一个可以量化的目标，如果这次活动要完成 100 万元的销售，并详细分解如何完成这 100 万元的销售，以及要分配多少资源、要用到多少媒介、每个资源媒介需要达到的效果，如果没达到既定的效果，又该如何在活动中动态调整等，微博活动策划的内容如图 5-12 所示。

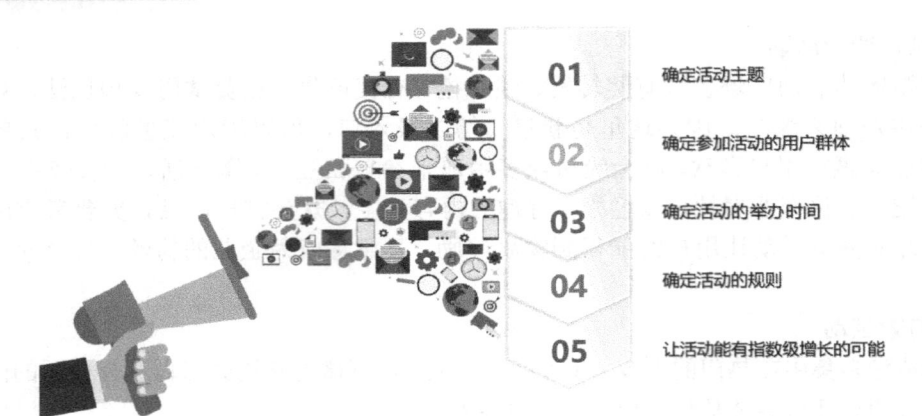

图 5-12　微博活动策划

1. 确定活动主题

活动一定要有主题（噱头），主题定好了，活动在宣传时才有着力点，用户也能根据主题在第一时间建立初步印象。这和品牌的广告语作用一样，提到它就能大概知道品牌的核心诉求是什么，活动也是一样，提到主题用户大概就知道这个活动是做什么的了。

例如，滴滴出行在春运期间推出的活动主题是"打开车门，就是家门"，它非常切合人们回家过年的环境，能够引起用户的情感共鸣。这个活动也让用户了解了顺风车产品，通过参加活动，用户能够完成对整个顺风车产品的体验。

2. 确定参加活动的用户群体

有了活动主题，接下来就要确定活动的目标用户群。哪些人会更有可能参与到活动中来，只有找到了这部分用户群体，才能针对目标用户进行活动的预热宣传，如小米手机的活动一般会在微信、微博、社区论坛中传播，这是因为它的活动对象多是喜欢科技的发烧友，通过这些渠道就能找到这部分群体。

3. 确定活动的举办时间

活动时间的选择，最好既能契合主题，又能顺应用户在这个时间的心情感受，如很多婚恋、情感类的活动都会放在情人节、七夕节等。好的活动主题和时间一旦进入用户的思维，效果就会很明显，如提到"双11"自然会想到淘宝网的购物节。

4. 确定活动的规则

这个问题很关键，总结起来就是怎样和用户互动，或者说用户怎么参与活动，也就是经常说的活动规则的设置。其实当活动主题和玩法都确定后，规则设置就是水到渠成的事情了。

规则设置最主要的原则应该是简单和有趣，即大多数目标群体可以玩（简单），并且会玩得挺开心（有趣）。其中简单就是以最直接的方式让用户参与到活动中来。注意，在互联网中每多一个步骤，用户就会流失一部分，所以在让用户报名参与阶段绝对不让用户填写无用的附加信息，为了避免用户流失，尽量将步骤做到最简化。有趣则是吸引用户参与的一个刺激因素，需要抓住用户的兴趣点（如喜欢礼品、情感共鸣等），提供给用户参与活动的一个理由。

5. 让活动能有指数级增长的可能

这是活动策划过程中非常重要的一个组成部分，下面来看支付宝集五福活动。通过各种方式集五福兑换红包，在朋友圈、QQ 群、微信群等处，甚至大街小巷都能听到有人在问："你有敬业福吗？"用户为什么会乐意参加并分享这个活动呢？主要原因有①用户想得到利益，瓜分红包；②支付宝的五福红包也迎合了中国人过年图个吉利的意愿，如图5-13所示。

图 5-13　支付宝的集五福活动

从图中可以看出，想要用户帮助分享传播就要满足两个需求：①对用户有好处（金钱利益、赠送礼品、免费抽奖、参与互动、情感需求等）；②对用户身边的人有好处。只要满足这两点的其中一点，或者都满足，传播机制就建立起来了。活动就会在一定的用户群内传播，并最终达到目的。

5.3.3　初级用户运营

AARRR（Acquisition、Activation、Retention、Revenue、Refer）模型，分别对应获取用户、提高活跃度、提高留存率、获取收入、自传播 5 个重要环节，如图 5-14 所示。

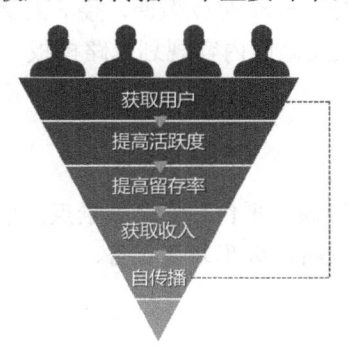

图 5-14　AARRR 模型

1. 获取用户（Acquisition）

运营的首要任务是获取用户，即推广。如果没有用户，就谈不上运营。

2. 提高活跃度（Activation）

获取用户后，如何将他们转化为活跃用户是微博营销面临的第一个问题。

这个环节涉及来源用户质量的问题，例如，微博营销时活动广场进来的粉丝更多是为奖品而来的，质量可能不如通过产品宣传来关注的粉丝，所以获取用户并不是有更多的用户参与进来就可以了。提高活跃度的一个重要因素是要追求用户的质量，太多的低质量用户反而会给后期的运营带来巨大的压力,另一个重要因素是能否在最初的几十秒内抓住用户。如果给人的第一印象不好也会造成失败。所以在微博营销过程中,对微博定位和设计微博整个页面就是为了给用户一个好的第一印象,并且通过持续的内容运营来完善用户的印象。

3. 提高留存率（Retention）

通常留住一个老用户、老粉丝的成本要远远低于获取一个新用户的成本。很多企业通过微博一方面不断地开拓新粉丝,另一方面又不断地丢失老粉丝。要解决好这个问题需要通过日留存率、周留存率、月留存率等指标监控用户的流失情况,并采取相应的手段在用户流失之前,激励这些用户继续留下来。

4. 获取收入（Revenue）

获取收入是最受欢迎的一个模块,即指商业变现。

5. 自传播（Refer）

社交网络的兴起使运营增加了一个方面,就是基于社交网络的"病毒式"传播,这已经成为获取用户的一个新途径,就是把整个运营体系形成一个闭环,而且在微博营销上,这一环节非常重要。在微博营销里,如何刺激用户进行传播,在日常的内容创造中,也要考虑到这一点,发布的博文是否能给用户分享的理由或动力,如利用情感共鸣等。

任务 5.4 实训：企业微博内容规划

1. 实训背景

学生已对企业微博定位、搭建与规划的相关知识形成了基础认知,通过该实训活动,学生可以为某企业微博制定一个合适的内容规划思路,从而掌握企业微博内容规划的相关技能。

2. 实训任务

假设你已经为同程旅游网搭建了一个企业微博,接下来就要为它制定内容规划。请学生分组活动,基于微博定位,参照"企业微博内容规划思路模板"为该企业微博制定一个合适的内容规划思路。

3. 同程旅游网背景材料

（1）简介

同程旅游网是专业的休闲旅游预订平台,可提供景点门票、出境游大促、国内游特卖、周边游特惠、邮轮、机票、签证、酒店、火车票等服务。

（2）官方网址

https://www.ly.com。

（3）微博地址

https://weibo.com/tongchengwang。

（4）微博目标

传播品牌精神,让自有客户及潜在客户与品牌产生直接沟通。

4. 实训步骤

（1）查阅"同程旅游网背景材料",了解该企业的基本信息与微博目标。

（2）基于以上信息,参照"企业微博内容规划思路模板",对微博内容规划进行讨论。

① 内容方向：确定该微博的主题方向。

② 详细规划：依据选定的内容方向，进行详细规划。
③ 发布量与发布时间：确定日发布量与发布时间。
（3）整理信息，并填写到"企业微博内容规划思路模板"中的相应位置。
（4）上传实训并命名为第*组企业微博内容规划。

企业微博内容规划思路模板

微 博 定 位		
微博目标			
用户群体			
内 容 规 划		
内容方向			
详细规划	季度规划	如夏季要发布的内容主题
	月规划	如6月要发布的内容主题
	周规划	如6月的第1周要发布的内容主题
	节日规划	如中秋节要发布的内容主题
日发布量	每天发布几条内容	
发布时间	分别在哪些时间点发布内容	
理由	阐述你为何如此规划	
亮点	阐述你所做规划的亮点所在	
难点	阐述该计划在实施过程中可能遇到的障碍	

项目 6 内容营销

任务 6.1 知乎营销基础

➡ 教学目标

1. 能够阐述知乎的概况、用户属性及适合的产品类型等；
2. 掌握建立知乎账号的关键点，并说明理由；
3. 掌握在知乎上寻找精准话题和有价值问题的方法；
4. 能够自主创建知乎账户，并满足在知乎营销的基本条件；
5. 能够根据营销需要灵活运用话题中的经验；
6. 能够根据营销需求找到合适话题与精准问题。

➡ 案例引入

奥迪教你"煎牛排"的故事

在知乎上查找煎牛排的帖子时，会发现一条"发动机上烤牛排靠不靠谱"的帖子。这究竟是怎么回事呢？

奥迪公司对此进行了回答，首先使用奥迪 R8 V10 Performance 作为厨具，分别做了台塑牛排、芝士烤龙虾；然后使用奥迪 RS6 Avant 做了烤鸡翅、低温牛小排、伊比利亚 BBQ 猪肋排、油封羊排；最后用奥迪 A3 保持 3500 转速，加热约 2 小时，做了个酸辣牛尾汤。

在文章中，奥迪公司向用户灌输了大量的汽车"硬知识"，如汽车发动机的工作原理、气缸内最高燃烧温度可达 2200～2500℃、发动机的正常工作温度是 85～105℃等。

而且，奥迪公司还强势植入了以下汽车的细节。

"这件厨具采用 5.2FSI V10 自然吸气发动机，最大功率为 610 马力。"

"一定要收敛你那想放纵的右脚，不然这台 3.2 秒破百的凶猛厨具会把蛋液甩得到处都是……"

项目6　内容营销

知识点： 知乎有 2.2 亿的注册用户，尤其拥有众多高学历、高收入、高购买力的活跃用户。这群用户具有理性消费习惯和较高的认知度，在品牌渗透中易守难攻，而一旦通过知识营销引导他们对品牌产生积极认知，便会产生高频的购买行为。

知乎营销的基本认知

6.1.1　知乎营销的基本认知

知乎是一个问答型的社区。

知乎营销是指通过制造问题、回答问题等方式，把产品融入内容中，以此达到引流、品牌曝光、获得口碑等目的，如图 6-1 所示。

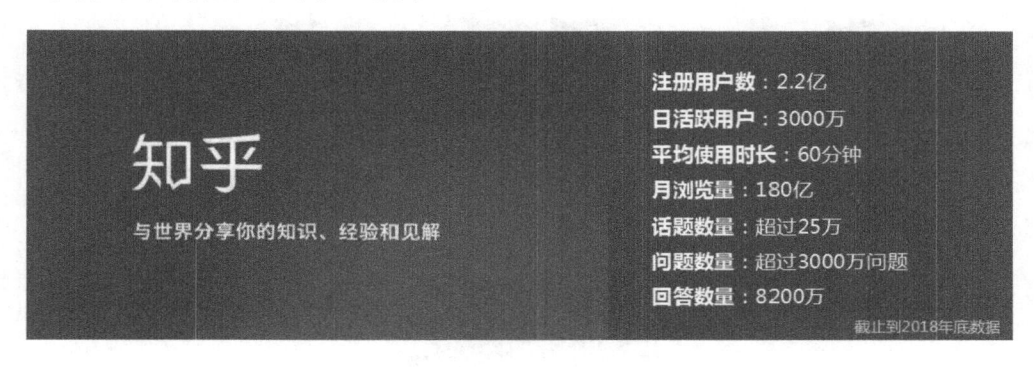

图 6-1　知乎平台基础数据

1. 知乎营销的 3 个理念

（1）要有高质量内容。只有高质量的社区和用户，才产生很好的效果。但也需精心经营，特别注重提供高质量的内容。

（2）要有高质量产品。知乎用户的素质较高，适合通过质量高的产品，持续地获得比较好的口碑和逐渐提升影响力。

（3）要有长期经营的理念。如果想追求短、平、快的产品，或者只为获得一些短期的流量，就不要在知乎上进行推广营销。知乎营销的 3 个理念如图 6-2 所示。

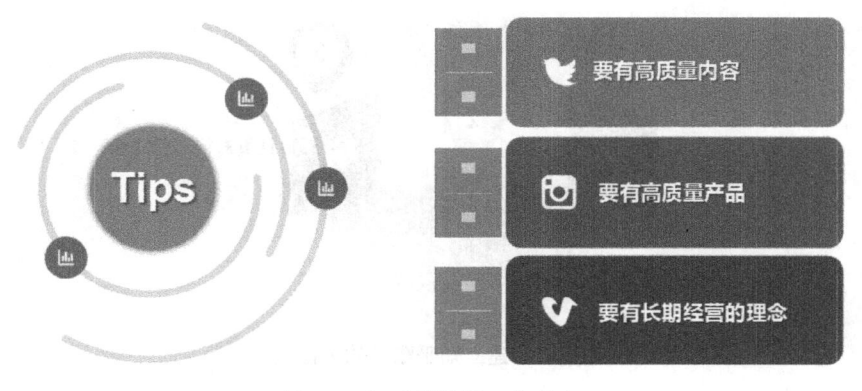

图 6-2　知乎营销的 3 个理念

95

2. 知乎营销产品要符合的方向

消费群体在 18~35 岁,这与知乎的用户群体相匹配。

产品既要好看、好玩,还要好用,具有革命性的创新,如做一些炫酷的数码产品。

3. 具体产品类型

App、网站、衣服、家具、电子产品、教育服务产品等,这些都与 18~35 岁用户的产品需求比较符合,可以参考亚马逊的商品分类,如图 6-3 和图 6-4 所示。

图 6-3 不适合在知乎上推广的产品类型

图 6-4 适合在知乎上推广的产品类型

总之,在知乎上适合做小规模的推广。

6.1.2 建立知乎账号的关键点

建立知乎账号时,要使用真名、重视一句话介绍,并且要认真填写自己的经历,如图 6-5 所示。

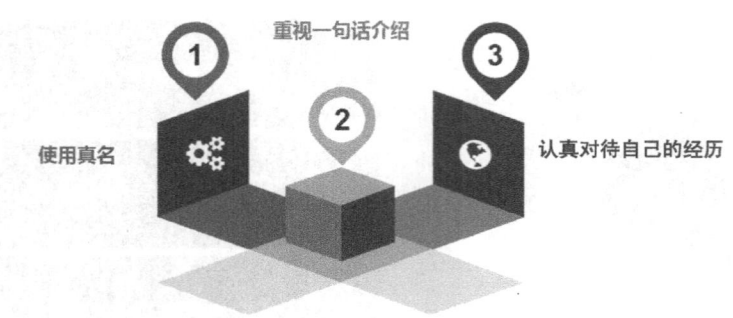

图 6-5 建立知乎账号的关键点

(1)使用真名。使用真实的中文名、英文名和头像,有利于提高企业的信任度,以增加互相认识的机会。

（2）重视一句话介绍。在一句话介绍中可以添加一些推广信息。

（3）认真对待自己的经历。在知乎中，真实的个人经历能够提高自身的被信任度，此外，用户的群体比较集中，如果经历中能够有共同点，则可以拉近彼此的距离，并有利于自己的内容传播和增强推广的效果，还能够找到圈内人员，拓展更广泛的社区人脉。

6.1.3 找到精准的话题

在找到精准的话题之前，要注意以下两点。

（1）能够精准覆盖目标用户群体。

（2）回答的内容要有很多人关注。如果关注的人多，在问题产生新答案时，收到提醒的人也多，就有可能获得更多的关注，形成良性循环。反之，当关注的人较少时，产生的答案也很少被人看到。

为了达到这两个目的，需要做到以下 3 点。

（1）了解自己的产品，知道有哪些用户会关注。

（2）了解用户，知道他们可能在哪些情况下使用你的产品。

（3）知道在哪里能找到这些用户关注的问题。

有了这些前提，在选择问题时就可以选择与自己产品直接相关的，还可以找高质量的精华话题，或者聚集了最多关注人数的相关话题，如图 6-6 所示。

图 6-6 知乎精准话题的选择规范

当你想要推广的产品领域在知乎上较为冷清时，要学会与已有的话题建立联系，如图 6-7 所示。

图 6-7 建立知乎连接的方式

首先，需要分析自己的用户群体，这些用户关注什么，找到他们关注的领域，达到两者的契合；其次，要剔除一些不重叠的话题；最后，要用合适的文案将两者之间建立起联系来。

6.1.4 找到有价值的问题

找到有价值的问题，需要遵循以下 5 大规则，如图 6-8 所示。

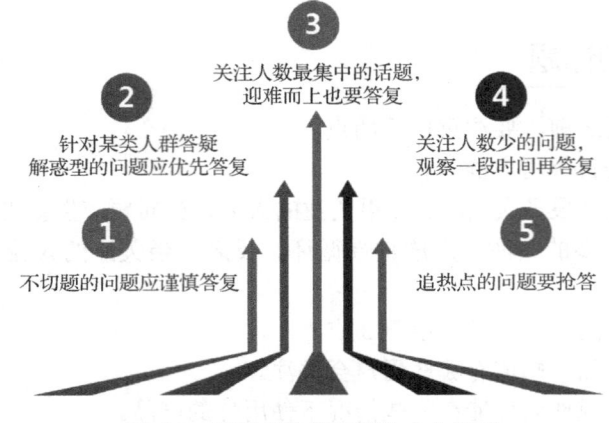

图 6-8　找到有价值问题的 5 大规则

（1）不切题的问题应谨慎答复。这种类型的问题，用户大多是来看热闹的，即便点赞了也几乎没什么价值。最简单的分辨方法是，如果这个问题下排名靠前的答复中，关注人数远远少于得到的点赞数，那么就可以推断这个问题是无效的。

（2）针对某类人群答疑解惑型的问题应优先答复。这种类型的问题往往覆盖的用户比较精准，关注的人也较多，因此，需要用高质量的答案去赢得和覆盖精准的目标群体，不能浪费这些资源。

（3）关注人数最集中的话题，迎难而上也要答复。这种类型的问题往往是话题中的精华，关注者数量巨大，若想脱颖而出会比较困难。因此，需要尽最大努力创造出高质量的答案，千万不能放过。

（4）关注人数较少的问题，观察一段时间再答复。

（5）追热点的问题要抢答。这种类型的问题重在蹭热度，获取关注。当事件获得大面积讨论时，深刻、有意义的答复往往会迟一些，因此，需要抢在这些高质量内容出来之前答复，提出有见地的观点。

6.1.5 如何提高答复问题的质量

对知乎运营人员来说，好问题和好答复是相辅相成的。运营人员必须注意问答的编辑技巧，以提高答复质量。

1. 挑选问题

答复质量跟问题的质量有关系，可以挑选浏览量高且答复数较少的问题进行答复，这样答复的内容就会比较容易被发现。另外，答复的内容要具有严谨性，不熟悉的问题一定不要强行答复。

2. 篇幅建议

答复内容要适中，篇幅不宜过长，也不宜过短，1500 字左右比较合适。

3. 答复结构

建议每 300～500 字配置一张图片，避免全篇使用文字，会导致用户的阅读体验较差。此外，图片的配置很有讲究，可以在每一段用思维导图等方式进行总结，也可以插入趣味性的表情包。建议先给出结论，再分析结论。知乎用户喜欢看故事，用故事+经验分享的形式会更吸引用户。

4. 内容风格

充实自身专业素养，以一到两个领域专业为主，有针对性地回答问题。使用诙谐幽默的文字风格，以及独到新颖的见解，就能吸引住用户。

5. 引导互动

好的答复内容需要增加与用户的互动性，引导用户对内容进行点赞或评论。例如，可以在答复的开头或结尾插入话术："整理不易，需要知友一个小红心的鼓励"等。

6.1.6 知乎日常运营的注意事项

若想在一个社区持续运营，就必须了解社区的规范，需要注意的内容如下。

1. 答非所问

很多人为了匹配热门关键词，在答复里放了很多无关的内容，这种生搬硬套蹭热点的做法很容易引起用户的反感。

2. 一稿多发

把同一个答复内容发布在很多问题下面，这也是不符合知乎社区规范的。

3. 复制粘贴

现在人们的知识版权保护意识都很强，所以千万不要到处复制，然后粘贴到知乎上。最好发表自己原创的内容（若转载，需注明来源）。

4. 放微信号或手机号

直接在答复的内容里面放微信号或手机号等联系方式，这是违反知乎社区规范的，很有可能被举报删除，甚至封号。

➡ 课程讨论

购买自己不熟悉的商品前，你是否有到知乎上寻找相关商品内容或行业资讯来给自己的消费决策提供参考的经历呢？那些对你有帮助的答复又有哪些特点呢？

任务 6.2　知乎营销策略

➡ 教学目标

1. 掌握在答复中植入产品的方法；
2. 掌握知乎营销的 4 个小技巧。

🡪 案例引入

称霸历届"双十一",天猫商城如何玩出新花样

作为历届"双十一"的老大哥,在网购消费、节日大促已司空见惯的当下,天猫商城与知乎如何为消费者带来新期待呢?

天猫商城和知乎洞察到,对于已形成"双十一"认知的消费者来说,每年这个时候都会揣好了钱等待消费。然而消费者面对各式眼花缭乱的品牌大促、上千万个品牌信息的狂轰滥炸,不知道哪个才是千年难得一遇的最低折扣,于是天猫商城联合知乎,用知识营销做导购,影响受众消费决策,抢占"双十一"市场。

天猫商城利用品牌提问的方式,围绕"祝你'双十一'快乐"的主题抛出问题:你买过的哪件物品带来的快乐最多?以此来引发关注达到预热目的;同时邀请知乎优秀的家居达人王振博坐镇 Live 特别现场:如何趁"双十一"装修出理想的家?用知乎宣传来影响消费决策。

在引爆期,除了消费报告与 H5 技术,天猫商城还发布了批量的原生文章:"哪些零食在你的购物车里出现的频次最高?""把健身房搬回家,在家也能好好运动"等。

批量的深度文章可以将平台内的促销优惠整理为攻略,以知识分发的形式来影响受众的消费决策,用专业的知识导购,唤起消费者的心智共鸣,并结合站内广告位帮助天猫商城抢占"双十一"的流量。

知识点: 先要梳理出实现的营销目标,然后借助知乎的品牌提问环节与用户进行 UGC 心智沟通,并利用原生文章、知识直播等多维手段进行传播设计。同时利用知识本身具备的长尾效应,能够帮助产品内容继续发酵,形成起于知乎而不止于知乎的效果。

知乎营销策略

6.2.1 在答复中植入产品

在答复中植入产品有 3 种方式,包括盘点型答复、分享型答复和自问自答,如图 6-9 所示。

图 6-9 3 种植入产品的答复方式

1. 盘点型答复

盘点型答复往往是以推荐的口吻进行答复的。这类问题就像广告牌一样,是专门为了推广而生的问题。

盘点型答复的原则如图 6-10 所示。

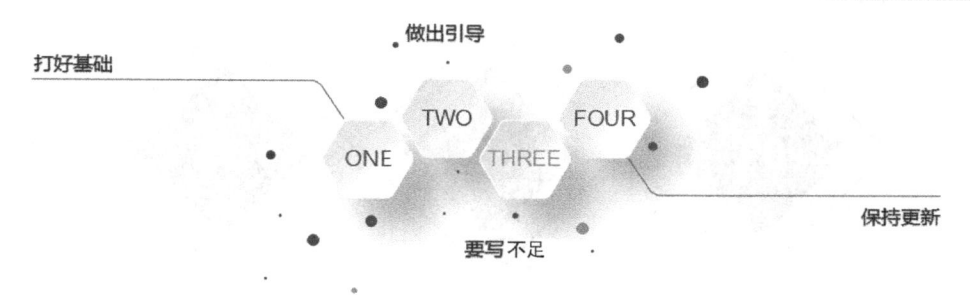

图 6-10 盘点型答复的原则

（1）打好基础。盘点资源时，对每个资源的优点和用途应进行有理有据/有图的详细介绍。同时还要注意在植入产品时，也要对其他产品做一些介绍。例如，在着重推荐一个店铺时，也要对其他店铺进行一些推荐，这样才能不失偏颇。

（2）要做出引导。通过重点推荐可以引导用户去关注哪些资源内容。

（3）要写不足。在介绍一个产品时，既要写优点，也要有不足，这样显得对产品的评价客观真实。

（4）保持更新。答复的内容除具有实用的内容外，还要保持经常更新，才能更受欢迎。

2．分享型答复

分享型答复往往以如何、怎么样开头，面向某一个具体的产品或具体的人群。分享型答复的 3 大原则，如图 6-11 所示。

图 6-11 分享型答复的 3 大原则

（1）开门见山，直接给出答案或方法。直接说明答案与问题之间的关系，让看到的用户重视你，如关于"如何让皮肤变好"这个问题，就应直接给出答案并进行说明。

（2）有理有据/有图/有分析/有结论。要认真编辑内容，保证内容质量，并在内容中进行产品分享。

（3）做好推广和导流工作。利用分享一些其他资源进行导流，让用户关注产品，并给予一定的福利。

总结在分享型答复的每个阶段都有一些小技巧。

① 开头：快速指出这篇文章解决了什么问题。

② 中间：多用图和案例帮助受众解决问题。

③ 结尾：将受众引流到产品中。

分享型答复的技巧如图 6-12 所示。

图 6-12 分享型答复的技巧

3. 自问自答

自问自答就是自己提出问题，自己来回答，并在回答中植入产品。

自问自答的形式有机遇也面临挑战，机遇在于问题能符合你要写的内容，挑战在于这种类型的问题可能关注的人很少。

自问自答的步骤：①确认这个问题以前没有人问过；②写一个完全符合这个问题的答案；③将产品植入答案进行用户导流，也可以从其他人的答案中引流。

6.2.2 知乎营销小技巧

知乎营销的小技巧如图 6-13 所示。

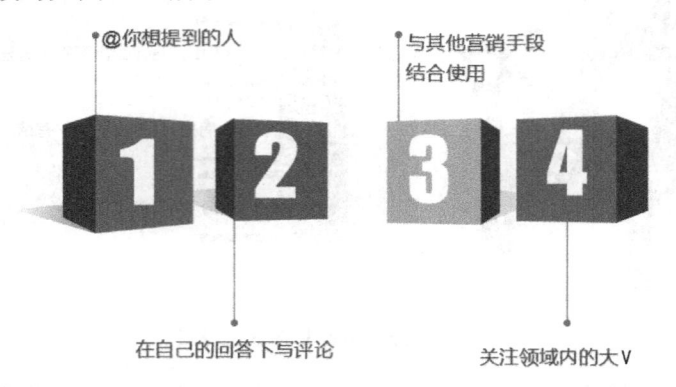

图 6-13 知乎营销的小技巧

（1）@你想提到的人

在提问后可以邀请一部分人来回答问题，一般是@一些知名人士或行业大 V。如果问题比较符合他们的喜好，他就有可能答复，从而极大地提高你自己的内容曝光量。

（2）在自己的回答下写评论

当有人问及这些产品在哪里购买时，可以说明购买渠道或给用户提供链接。直接评论会提醒所有关注问题的人，内容被看到的可能性就会大大提升。

（3）与其他营销手段结合使用。

（4）关注领域内的大 V。当行业内出现一些新的问题时，应积极参与，可提高曝光率。

6.2.3 知乎持续性运营策略

开展知乎营销还要把握内容发布的节奏,实现持续性运营,保持账号的活跃度。

运营初期为冷启动阶段,就是在发布内容前,以及设计好主页后,结合自身的运营规划及目标受众分析,对知友、问题、话题、圆桌和专栏进行关注和点赞等互动行为。

这可以让知乎平台能匹配更多的内容与流量,通过关注账号的动态,可更快地获取需要的信息。

每周可以发布 5 篇问答,其内容结构为 3 篇专业类+2 篇生活类,以避免账号内容过于枯燥。在内容板块上,以输出回答为主,以输出文章为辅,并以想法为点缀,穿插进行。

虽然不需要每天都更新内容,但是我们需要保持账号的活跃度。知乎有"盐值"这个功能,盐值越高,权重也就会相应升高。因此,我们可以通过每天浏览热榜/推荐/关注板块的内容,对自身账号相关的内容进行点赞,以及进行评论等。

➡ 直通职场

随着"流量为王"时代的远去,品牌开始更加关注精准投放与转化效果。在内容营销时代的广告投放,能够通过优质内容形成可持续的传播,对于影响用户决定特性的作用也越来越大。知乎作为内容营销的主力战场之一,它的平台特点与内容属性可以将多元化的品牌内容进行创意结合。另外,随着知识型用户的快速增长,对于用户获取的质量和效率,提出了更高要求,大量碎片化的信息成为负担,大批有思想的年轻用户越来越难被传统的广告打动。

今天,人们越来越重视有用的信息,即知识,用户不仅要知其然,更要知其所以然。知乎就是在这样的背景下,提出了知识营销的概念:品牌营销需要主动适应用户迭代,从广而告之到广而认知转变,从而影响消费者的购买决策。将来,知乎能否成为品牌营销的标配,在这里还不敢独断,不过,知乎所构建的认知价值,影响着越来越多的人。知乎营销的优势开始显现。

通过课程内容的学习不难发现,知乎是一块"宝地",它有和用户深度沟通、长期影响和广泛传播 3 大特点。尤其是在融资后,与巨头的资本合作帮助知乎联合上、下游,与百度、腾讯、快手等平台做资源整合,促使知乎组合产品布局的前景更广阔。因此,如何在知乎抢占流量份额,帮助品牌扩大影响力,是每个新媒体营销人都该掌握的职场技能。

任务 6.3 邮件营销基础操作

➡ 教学目标

1. 能够阐述邮件营销的概念和基本流程;
2. 掌握收集邮件地址的方法;
3. 掌握撰写邮件标题的技巧和方法;
4. 能够准确撰写邮件标题;
5. 能够准确传达邮件内容。

案例引入

Jack&Jones 邮件营销案例

这是一个为时尚男士服装品牌 Jack&Jones 带来广泛反响的推广活动。截至活动结束时，目标消费人群（男性，年龄介于 22～30 岁，居住在北京）中有 47%打开了 Jack&Jones 的推广信息邮件，其中有数百名消费者对邮件的回应是，实地前往指定的专卖店，并实现了购买。

Jack&Jones 是怎样通过使用电子邮件实现品牌推广，并带来收效的呢？这和邮件的标题有着莫大的关系。

在活动正式开始的前 15 天，发出的第一封 HTML 格式邮件的标题是"跟女人没有关系"，在活动期间，这封邮件在目标消费群中带来了高达 47%的回应率。

打开邮件，闯入大家眼帘的是一个名叫 Larry 的光光的后脑勺，旁边的文字注解是："嗨，哥们儿！不用剃光头，你也可以像我这么酷！我回头告诉你！"（结果有 6000 人想知道答案）。

点击后出现邮件的下一个画面，Larry 转过头来，向消费者讲述了有关活动的详情，告诉他们可以在指定时间和专卖店找到他，并可享受一个特别优惠的价格。此外，为了更好地达到跟踪的目的，Jack&Jones 在活动中还设立了一个密码，只要每个到现场的消费者能说出"Jack&Jones"就算通过。然后，Jack&Jones 还在邮件里设立了一个传递邮件的功能，使用户可以将邮件向有共同兴趣的朋友分享（有超过 600 人传递给了朋友）。

为了能尽善尽美地发挥电子邮件的优势，Jack&Jones 希望通过它再次接触那些表示出兴趣的用户。活动开始前 3 天，向曾经打开过第一封邮件的用户发出了第二封邮件。创意还是沿用了上封邮件中 Larry 的光头，但这次他只是从邮件页面走过，好像在提醒大家见面时间快到了，千万不要错过这个机会啊！

在活动当天，当 Larry 比预订时间提前 1 小时到达现场时，就已经有慕名前来的用户守候在那里了。在接下来的 3 个小时里，Jack&Jones 平均每两分钟就售出一件衬衣。

毫无疑问，本次活动大获成功的一个最重要因素就是，活动开始前发送的邮件测试。很多企业就是因为缺少耐心或远见，而忽略了这样一个简单的多元素测试。这是一个经过深思熟虑的推广策划，同时还具有强大的创意及明确的策略支持。

知识点：邮件营销的成本低、覆盖广，是企业宣传自身产品和服务的重要载体，但同样是邮件营销，有的邮件收获了良好反馈，有的邮件却长期石沉大海。调查数据显示，只有不到 20%的邮件订阅列表人数在持续增长，而停止增长和负增长（取消订阅）的情况却比比皆是。其实，邮件营销看似简单，但在执行过程中却有很多细节需要注意，如果忽略了这些细节，整体营销的效果就会变得不够理想。

邮件营销基础操作

6.3.1 邮件营销的基本认知

邮件营销就是通过邮箱发送营销信息，把网站、平台、服务、产品推荐给用户。

1. 邮件营销的优点和缺点

（1）邮件营销的优点

① 邮件营销成本非常低，如果转化好，则性价比较高。

② 可以精准地找到目标人群，再次发送的内容可直接面向这些精准用户。

（2）邮件营销的缺点

① 邮件营销需要集中发送大量邮件，很容易被邮件服务商拉入黑名单，列入垃圾邮件，还会有被封邮件账号的风险。

② 用户对广告邮件比较反感，经常会直接删掉。

③ 只有做到精准的定位、精准的内容，邮件才能起到营销效果。

所以在企业发展初期小规模使用，能够积累种子用户，而后期如果不是非常迫切地需要邮件营销，最好不采用这种营销手段。

2. 邮件营销成功的条件

（1）精准人群。要能够定位到精准的用户，不能进行撒网式发送。

（2）精准内容，利用精准的内容吸引用户进行阅读和点击。

（3）精准指引。对查阅邮件的用户要根据其后续的动作规律，做出有效的引导，才能进行转化。

（4）保证产品的质量。所有的转化都需要落到产品上，好的产品不仅是邮件营销转化的保证，也是所有业务开展的基础。

3. 邮件营销的工作流程

邮件营销的工作流程如图 6-14 所示。

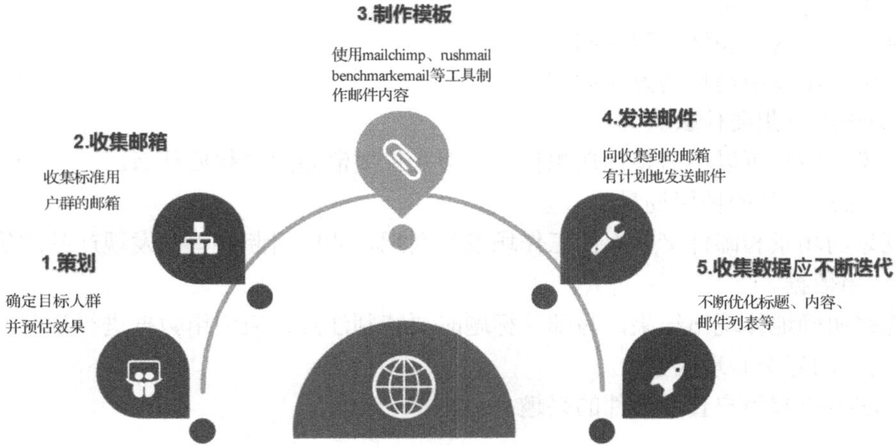

图 6-14 邮件营销的工作流程

6.3.2 收集邮件地址

收集邮件地址的方法如下。

（1）大撒网。采用邮件地址生成系统随机生成的方式，其效果非常不精准，一般不推荐使用。

（2）用内容换邮箱。可以收集到比较准确的用户邮箱。因为愿意留下邮箱的用户，或多或少都对内容感兴趣。

（3）用注册换邮箱。一般到网站或页面上愿意以邮箱注册的用户，说明对网站和页面的内容感兴趣。

（4）捡漏。去贴吧、论坛，找别人发资源的帖子，从中收集邮件地址。

6.3.3 撰写邮件标题

撰写邮件标题的原则如图6-15所示。

图6-15　邮件标题撰写原则

（1）与整个邮件营销推广的主题保持一致；
（2）内容必须紧跟结果。
邮件标题包含内容和结果两大部分。
在标题中写出有用结果的方法如下。
① 推导出用户想要什么。
也就是说，用户可以不清楚你在想什么，但是你要清楚用户想要什么。
② 限定推广产品的使用场景。
只有规划的场景和邮件接收人的工作场景相匹配，才能引起共鸣，发现产品的价值所在。
③ 多使用数据。
数据能够明确地体现出结果，写邮件标题时要特别注意，应使用数据进行说明。
④ 利用人的好奇心理因素。
这种方法能引起用户查看邮件的兴趣。

6.3.4 撰写邮件内容

撰写邮件内容的原则如图6-16所示。

图6-16　撰写邮件内容的原则

（1）与整个邮件营销推广的主题保持一致。只有内容与标题保持一致，用户才能感觉产品表述更清晰。

（2）一封邮件只围绕一个主题。不要过多地发散主题，如推广主题是免费文案课，那这个邮件的主要内容就应该是文案课。

（3）引导用户离开邮件，进入下一个环节。给用户发送邮件的终极目的是让用户到达下一个环节。要考虑是想让用户把邮件收藏起来，还是让用户进入产品页面，达到最终的目的。

课程讨论

你的邮箱里收到过哪些品牌的营销邮件？它们是否实现了较好的营销效果？如果实现了，有哪些值得我们借鉴和学习的地方？

任务 6.4　邮件营销技巧

教学目标

1. 掌握转化点设置的方法和注意事项；
2. 能够阐述邮件发送的 3 种方式，以及各自的优缺点；
3. 能够设置较好的邮件转化点；
4. 能够理解并正确地发送邮件。

案例引入

邮件营销的十大经典策略

1. 建立情感纽带

在发送营销邮件之前，应确保你和潜在客户建立了情感纽带。

视觉效果有助于与客户建立情感纽带。虽然大多数公司选择使用产品图片来展示其产品，但呈现生活方式的图片可以推动更多的销售，因为它能让消费者想象自己使用该产品时的场景。

以 Tommy Hilfiger 为例，为了推广一个新的系列，该品牌企业向受众发送了一封附带了生活方式图片的邮件，一张穿着该品牌服装的生活照。生活方式图片的作用是讲故事，它们不仅能显示出其客户群体，还能让潜在客户了解该产品是否适合他们。因此，生活方式图片可以吸引消费者的注意力，并传递品牌信息。

2. 照顾客户的感受

客户喜欢那些能照顾自己感受的品牌。当你使用个性化邮件，向这些潜在客户表示你记住了他们的一些相关细节时，你就建立了品牌信任和忠诚度。

例如，Lacoste 会发送一封邮件祝福客户生日快乐，并提供特别优惠，帮助客户节省购买品牌产品的费用。一旦客户收到这封邮件，他们就会觉得自己很特别，希望进一步了解相关产品的信息。对于一个品牌来说，这是建立品牌忠诚度和推动电商销售的好方法。

3. 购物车放弃提示邮件

如果你的网站能吸引访客，并能把访客变为客户，这是最好营销结果。实际上，全球购物车放弃率为 75.52%,这意味着企业可能会失去收入。因此,电商品牌要尽其所能将客户导入网站。通过实践证明,在产品描述、图片和价格旁边添加产品提醒是增加邮件转化率的好方法。

为了最大限度地利用购物车放弃的邮件,Omnisend 在最近的一份报告称,在客户放弃购物车的一天内发送 3 封邮件,可以获得最佳的订单率。

为了提醒访客完成潜在购物并提高电商销售,可以在客户放弃购物车后的 1 小时、12 小时及 24 小时之内发送邮件。

4. 分享最后 1 分钟的优惠

大多数电子商务品牌都会为客户提供最后 1 分钟的优惠。

Nike 公司在情人节向潜在客户发送了一封邮件,提出了购买礼品卡的建议,这个最后 1 分钟的礼品创意可以满足每个收件人的需求。分享最后 1 分钟优惠是适合你的受众和业务的销售电子邮件模板之一。

5. 季中促销活动

在线折扣优惠(对零售商和客户)是一个双赢的策略。由于 55% 的客户更希望降价,而不是忠诚奖励或免费送货,因此宣布季中促销活动无疑能提振电商的销售。

但是,仅提供优惠不足以将邮件读者转化为客户,若配合好的邮件营销服务,找到适合品牌的邮件类型(如展示产品)可吸引更多客户。

6. 安排清仓大甩卖

很多品牌在季末都会开展清仓大甩卖。通知潜在客户是非常必要的,如 ASOS 向客户发送了一封季末清仓的通知,同时能使他们快速进入产品页面,查看降价产品信息。

7. 提供特殊优惠

个性化和细分需求能吸引客户的注意力。为客户提供优惠码、免费配送服务或发放赠品时,给予特别优惠总能吸引客户的注意力,让他们想要了解更多内容。

8. 推出 BOGO(买一送一)优惠

对于大多数客户来说,BOGO 优惠听起来非常诱人。据 AMG 报告指出,有 66% 的客户喜欢 BOGO 活动,他们不必额外花钱就能得到产品。因此,这种策略不仅取悦了客户,也推动了销售。

9. 发放特别赠品

对于电商企业来说,发放品牌赠品是一个低风险投资,客户消费越多,获得的赠品就越有价值。如兰蔻就使用了这个策略,该公司通过邮件告知客户如何领取特殊赠品。发放品牌赠品也是提高客户忠诚度的好办法,用于鼓励客户尝试使用新产品。

10. 奖励忠诚客户

企业想提高销售额,就需要获取更多新客户且维持现有的客户。因此,企业通过忠诚度计划来增加客户保留率。以星巴克为例,该公司通过邮件不定时组织"双倍奖励"日,通过这个活动,不仅可以建立品牌的真实性,也给了客户一个购买更多商品的理由。

知识点:电商业务缺乏与客户面对面的互动,因此零售商和营销人员应该找到接触潜在客户的方法,与他们互动,并以满足客户需求的方式推广商品。更重要的是,邮件营销从分享限时优惠到促进忠诚度计划,都可以有很多方法促进销售。

邮件营销技巧

6.4.1 设置转化点

邮件营销的转化点就是邮件中需要用户点击的位置，在这里设置链接可引导用户跳转到产品或其他载体页面，如图 6-17 所示。

图 6-17 邮件营销的转化点

要让用户快速通过转化点到达预先设置的路径，在设置转化点时应遵循以下 3 个原则。

（1）要突出转化点。通常情况下，使用图片和按钮比文字链接更容易让用户去点击。转化点要符合用户的使用习惯，如链接为蓝色字体加下画线。

（2）要让用户尽快进入转化路径。用户在完成转化前，需要经过一些转化路径。邮件营销的终极目标是让用户进入预先设置的转化路径中。

（3）要有清晰的行动指引和可预见的结果。让用户一看就明白，要点击哪里、点击之后能做什么。需要用户付费的地方也要明确，不要误导用户。

注意：邮件营销只能有一次点击的机会，如果用户一次点击带不来转化，基本上就失败了，所以一定要设计好转化点，让用户快速友好地完成转化动作。

6.4.2 邮件的发送方式

邮件发送的常见方式，包括人工发送、订阅邮件发送、服务器自动发送，如图 6-18 所示。

图 6-18 邮件发送的常见方式

这 3 种邮件发送方式的规模、成本、转化率及适用阶段都有所不同，如图 6-19 所示。

1．人工发送

人工发送的优势在于精准，互动方便，且不会被当成垃圾邮件；劣势在于人工成本高，发送的数量少。这种方式适用于种子用户的聚集期。采用人工发送时，要与所有用户建立真诚、顺畅的沟通。在种子用户积聚阶段不要期望能卖出多少商品，重要的是验证商业模式是否成立。

方式	规模	成本	转化率	适用阶段
人工发送	小	高	高	寻找种子用户
订阅邮件发送	小→大	中	高	有一定量的用户
服务器自动发送	大	低	低	有大量用户

图 6-19　邮件发送方式的比较

2. 订阅邮件发送

订阅邮件发送适用于转化周期较长的产品。这种方式需要维护，但成本不高，由于订阅邮件发送的内容在网站上已发送过一遍，不需要二次开发内容。

订阅用户一般是对产品和内容感兴趣的，这类用户很精准，转化率自然高。由于是用户主动订阅的，不会被当成垃圾邮件。订阅邮件的发送数量可逐渐增加，只要内容质量好就会吸引越来越多的用户主动订阅。这种方式还可以与博客、网站结合，发送新邮件的提醒信息。

3. 服务器自动发送

服务器自动发送适用于有大量用户的产品，便于用户召回、维持用户的活跃度等。这种方式需要有一定的技术支持。

6.4.3　邮件数据监测

邮件数据监测指利用邮件发送服务商的后台数据进行监测。后台一般可提供打开率、点击率的监控数据，要看这个数据，必须购买邮件服务商的服务。

自己发送的邮件可以使用 GA（Google Analytics）的追踪代码，来监测链接的点击数据。

利用第三方监测工具监测邮件的打开率，需要嵌入到邮件广告的着陆页面，并设置好监测点，即可在第三方监测工具管理后台查看到监测数据。

➡ 直通职场

Validity 数据分析公司发布了"2019 年电子邮件营销报告"，其中的一些重要发现如下。

（1）电子邮件营销（以下简称邮件营销）的目标是与客户沟通（74%）、建立品牌知名度（64%）和与潜在客户沟通（63%）。

（2）超过 1/3 的受访者（37%）认为邮件营销的有效性正在提高。

（3）邮件营销有效性提高的公司，其年度收入也会增长。

（4）邮件营销的最大挑战是争夺对收件箱的注意力（45%）。

（5）邮件个性化是使用最多的邮件营销策略（72%）。

项目 7

网络客服

任务 7.1　网络客服体系

教学目标

1. 了解网络客服的定义；
2. 了解网络客服的工种；
3. 了解网络客户的分类与策略；
4. 掌握网络客服的工作内容与应具备的基本能力。

案例引入

泰国东方饭店的客户服务

王老板因生意需要经常去泰国，第一次下榻东方饭店就感觉很不错，第二次再入住时，他对饭店的好感迅速升级。那天早上，他走出房间正要去餐厅时，楼层服务生恭敬地问："王先生是要用早餐吗？"王老板很奇怪，反问："你怎么知道我姓王呢？"服务生说："我们饭店有规定要背熟所有客人的姓名。"这令王老板大吃一惊，因为他住过很多高级酒店，但这种情况还是第一次碰到。王老板高兴地乘电梯下到餐厅所在的楼层，刚走出电梯门，餐厅的服务生就说："王先生，里面请。"王老板更加疑惑，因为服务生并没有看到他的房卡，就问："你知道我姓王？"服务生答："电话刚刚通知，您已经下楼了。"如此高的效率让王老板再次大吃一惊。

王老板走进餐厅，服务小姐微笑着问："王先生还要老位子吗？"王老板心想尽管不是第一次在这里吃饭，但最近的一次也有一年多了，难道这里的服务小姐记忆力这么好？服务小姐解释说："我刚刚查过计算机记录，去年的 6 月 8 日，您在靠近第二个窗口的位子上用过早餐。"王老板听后兴奋地说："老位子！"服务小姐接着问："老菜单，一个三明治、一杯咖啡、一个鸡蛋吗？"王老板已不再惊讶地说："对，就要老菜单。"就餐时，餐厅赠送了一碟小菜，由于这种小菜王老板是第一次看到，就问："这是什么菜？"服务生后退两步说："这是我们特有的小菜。"服务生为什么要先后退两步呢？他是怕自己说话时口水不小心落在客人的食物上。这种细致的服务给王老板留下了终生难忘的印象。

东方饭店在经营上提供人性化的优质服务，并坚持不懈地把人性化服务延伸到方方面面，落实到点点滴滴。由此，赢得了客户的心。

【练习与思考】

东方饭店的客户服务体现在哪些方面？在电子商务时代，东方饭店应该拓展网络客户服务吗？

7.1.1 网络客服的意义

网络客服作为一个直接影响客户购物体验的岗位，对于店铺的整体运营具有重要意义。

1. 影响用户体验

好的网络客服可以提高客户的购物体验，通过耐心的询问、认真的倾听，主动为客户提供帮助，让客户享受良好的购物体验。同时，由于网络平台的商品繁杂，客户的搜索浏览成本越来越高，当客户选择一家店铺以后，只要产品满意、服务贴心，就很少会更换到其他店铺去购买。所以良好的客户服务能有效地提高客户对店铺的忠诚度。

网络客服还有一个重要的作用，就是提高客户的回头率。当一次消费完成后，客户不仅了解店铺的服务态度，也会对其商品、物流都有非常清晰的认识，所以当客户想再次购买类似产品时，一定会倾向于优先选择熟悉和了解的店铺，包括他向朋友做推荐时，也会优先推荐。所以网络客服的好坏，对提高客户的回头率是非常重要的。

2. 影响店铺的销售和利润

销售额=访客数×转化率×客单价，其中，转化率和客单价都跟售前客服的接待效果有关，事实上，一名优秀客服和普通客服之间转化率的差距，对店铺最终的销售额和利润的影响是不容忽视的，网络客服影响店铺销售和利润的因素如下。

（1）提高转化率。售前客服的态度、专业性和技巧直接影响询单转化率；售后客服处理客户问题的责任心、专业性和效率，决定了客户给店铺做出的评价，最终又会间接影响店铺的转化率。

（2）提高客单价。客单价也是影响销售和利润的重要因素，除定价本身外，网络客服的销售技巧也至关重要。优秀的网络客服既热情，又善于挖掘客户的潜在需求，最终推荐出合理的产品搭配组合，从而提高客单价。

（3）降低损耗。不仅转化率的高低会影响销售额和利润，网络客服工作的不认真或不规范，也会导致各种不易察觉的损耗。

3. 直接或间接影响店铺的发展

网络客服工作不是孤立的，也不仅是考察转化的能力，店铺应重视客服体系和规范的建立，打造一支专业素质过硬的客服团队，高度重视客户体验。

（1）客户体验决定品牌形象。在销售的完整链路上，客户都会对网络客服工作产生一个印象，这个印象就是品牌的形象，热情、专业、高效和负责是网络客服工作必须具备的素质，一个良好的品牌印象对销售转化和复购都有着非常积极的作用。要想实现这个目标，就必须对网络客服工作进行详细科学的规范，并加强培训和管理。

（2）影响运营效果。网络客服工作的好坏，决定了运营能否实现，而且根据客服反馈的信息，能够优化运营各工作环节，提升效率。

（3）影响自身优化。网络客服在一线与客户直接接触时，能够发现很多问题和机会，可为产品端、运营端提供重要线索，帮助店铺找到优化提升的方向。

7.1.2 网络客服的概念

1. 客户

对企业而言，客户是对本企业产品和服务有特定需要的群体，是企业生产经营活动得以维持的根本保证。它包括所有本着共同的决策目标参与决策制定，并共同承担决策风险的个人和团体，有使用者、影响者、决策者、批准者、购买者和把关者。

2. 网络客户服务

借助网络企业为客户提供的售前、售中、售后等系列服务。

3. 客户服务需求层次

将客户的需求服务按顺序分为4个层次：了解产品和服务信息、遇到问题需要在线帮助、进一步接触企业人员，以及了解产品的全过程信息。

4. 网络客户服务的相关指标

网络客服是基于互联网的一种客户服务工作，是网络购物发展到一定程度细分出来的一个工种，跟传统商店售货员的工作类似。网络客服是在开设网店这种新型商业活动中，充分利用各种通信工具，并以网上及时通信工具（如旺旺）为主，为客户提供相关服务的人员。这种服务形式对网络有较高的依赖性，所提供的服务包括客户答疑、促成订单、店铺推广、完成销售、售后服务等。

网络客户服务的相关指标包括客户满意度、客户忠诚度、客户保留度。

电子商务和网络经济的发展，使企业间的竞争进一步加大，商家在产品的质量、品种款式、技术含量等方面的差距逐步缩小，产品本身的竞争优势已不再对客户产生决定性的影响。这就需要企业加强外延产品的竞争，客户服务就是外延产品竞争的重要方面。在电子商务时代，良好的网络客户服务能力可大大提升企业的竞争力。无论是网络公关和礼仪，还是客户服务和管理，最终都要围绕客户需求，千方百计地为客户提供满意的服务。企业可根据自身特点，选择适合的CRM系统；积极开展个性化服务，提高客户管理水平；提升客户的满意度和忠诚度，做好客户服务，以促进企业的发展。

7.1.3 网络客服的工种

根据网络客服的工作性质可分为售前服务、售中服务、售后服务、销售客服、技术客服及中评、差评客服等。

网络客服的工作内容多样，主要包括引导客户购物、解答客户问题、提供技术支持，以及消除客户不满情绪等。

网络客服的工作方式主要通过阿里旺旺、QQ、E-mail等聊天通信工具，在线上和客户进行实时交流及资料传送。

小规模的网店往往是一人身兼数职，对客服工作并没有进行细分，但对于有规模的网店则会实行较细的分工，具体分工如下。

（1）有专门负责解答问题的客服。
（2）有专门负责导购的客服，可帮助客户更好地挑选商品。
（3）有专门负责投诉的客服，处理客户投诉。
（4）有专门负责推广的客服。
（5）有专门负责打包的客服，等等。

7.1.4 网络客户的分类

了解网络客户的基本类型，对于提高服务质量和服务效率具有重要的作用，其具体如下。

1. 按客户性格特征分类

（1）友善型客户

这类客户性格随和，具备理解、宽容、真诚、信任等美德，通常是企业的忠诚客户。

策略：提供最好的服务，不要因为对方的宽容和理解而放松对自己的要求。

（2）独断型客户

这类客户非常自信，有很强的决断力，不善于理解别人；不能容忍欺骗、被怠慢、不被尊重等行为；不容易接受意见和建议。

策略：小心应对，尽可能地满足其要求，让其有被尊重的感觉。

（3）分析型客户

这类客户情感细腻，容易被伤害，有很强的逻辑思维能力；对公正的处理和合理的解释可以接受；善于运用法律手段保护自己，但不会轻易威胁对方。

策略：真诚对待，对问题进行合理解释，以争取对方的理解。

（4）自我型客户

这类客户以自我为中心，缺乏同情心，不会站在他人的立场上考虑问题；绝对不能容忍自己的利益受到任何伤害；有较强的报复心理；性格敏感多疑。

策略：学会控制自己的情绪，以礼相待，对自己的过失真诚道歉。

2. 按客户购买行为分类

（1）交际型

这类客户很喜欢聊天，聊得愉快了就会到店里购买东西，交易成交了彼此也熟悉了。

策略：要热情如火，并把工作的重点放在这类客户上。

（2）购买型

这类客户会直接买下商品，并很快付款，收到商品后也不联系，直接给好评，但对你的热情表现很冷淡。

策略：不要浪费太多的精力，如果执着地和他（她）保持联系，可能会被认为是一种骚扰。

（3）礼貌型

这类客户会因为买了一件商品和你发生了联系，如果你在聊天过程中运用恰当的技巧，他（她）可能还会再购买一些商品。

策略：尽量做到热情，能多热情就要多热情。

（4）讲价型

这类客户会讲了价还要讲，永不知足。

策略：要咬紧牙关，坚持始终如一，并保持微笑。

（5）拍下不买型

策略：可以提醒，也可以当什么事都没发生过。

3. 按网店购物者常规类型分类

（1）初次上网购物者

这类购物者在试着领会电子商务的概念，其体验会从在网上购买小宗的物品开始。他们要求界面简单且购物过程容易。

策略：提供产品照片对完成交易有很大帮助。

（2）勉强购物者

这类购物者对安全和隐私问题感到紧张。因为有恐惧感，他们在开始时只想通过网站进行购物研究而非购买。

策略：只有明确说明安全和隐私保护政策才能使其消除疑虑，轻松面对网上购物。

（3）便宜货购物者

这类购物者会使用比较购物工具。

策略：提供廉价出售的商品，对这类购物者最具吸引力。

（4）"手术"购物者

这类购物者知道自己做购买决定的标准，只要找到合适的产品就会购买。

策略：快速告知其他购物者的体验。

（5）狂热购物者

这类购物者把购物当作一种消遣。他们购物频率高，也富于冒险精神。

策略：迎合其好玩的性格十分重要。为了增强娱乐性，网站应为他们多提供观看产品的工具、个人化的产品建议，以及像电子公告板和客户意见反馈页之类的社区服务。

（6）动力购物者

这类购物者因需求而购物，而不是把购物当作消遣。他们通过自己的购物策略找到所需要的商品，不愿意把时间浪费在闲逛上。

策略：不主动打扰。

7.1.5　网络客服的工作内容

网络客服的工作内容包括全方位的信息服务、针对性的个性化服务、多元化的促销服务、网络个人服务定制。以亚马逊客服中心为例，了解一下网络客服的工作内容。

网络客服的形式主要有自助服务和人工服务。自助服务指客户通过网站上的说明信息寻找相应的解答，或者加入网络社区获取需要的信息；人工服务指需要根据客户提出的问题，通过人工回复的方式给予回答。

网络客服使用的方式包括常见问题解答、电子邮件、即时信息、在线表单、在线论坛、聊天室等。

网络客服分为售前客服和售后客服。售前客服能为客户提供产品咨询和服务，充分发挥销售技能，并促成客户下单付款；售后客服是为已成交的客户提供完善优质的售后服务，包括但不限于物流查询、处理退换货、指导产品使用等。

网络客服的工作范畴包括售前服务、售后服务、售中服务、评价管理和客户管理。

（1）售前服务

售前服务包括咨询接待、需求分析、产品推荐、解答疑虑、促成订单、礼貌告别、订单处理。售前服务的工作目标是让过来的人都买、让买的人买更多、让买过的人再来买。

（2）售后服务

售后服务包括售后问题答疑、维权纠纷处理。售后服务的工作目标是将问题沉淀归类、推动其他岗位或部门改进问题、降低退款和维权纠纷率，以提高客户满意度。

（3）售中服务

客户下单付款后，还有一个物流过程，在客户收到产品前，这段时间称为售中。一般在电商团队中，不会单独设置售中岗位，这期间发生的查询物流、核对地址、退款等事宜，多由当值的售前客服直接处理。根据实际情况，也可能会统一转给售后客服处理。

（4）评价管理

客户在收到货后可能会写一条评价，包括对产品描述、物流体验和服务体验的看法，用户评价由文字、图片、视频和打分组成。一旦产生负面评价就需要由客服出面协调、解决问题，让客户满意，消除负面评价的影响。

（5）客户管理

重视客户信息的收集，并有针对性地开展互动活动，服务好老客户，提高活跃度，促进复购和传播。

7.1.6 网络客服应具备的基本要求与能力

1. 网络客服应具备的基本要求

一个合格的网络客服应具备心理素质、品格素质、技能素质，以及综合素质等。

（1）心理素质

网络客服应具备良好的心理素质。在客户服务过程中，会承受各种压力和挫折，没有良好的心理素质是不行的，具体要求如下。

① "处变不惊"的应变力。
② 挫折打击的承受能力。
③ 情绪的自我掌控及调节能力。
④ 满负荷情感付出的支持能力。
⑤ 积极进取、永不言败的良好心态。

（2）品格素质

忍耐与宽容是优秀网络客服的一种美德。

① 热爱企业、热爱岗位。应对所从事的客户服务岗位充满热爱，兢兢业业地做好每件事。
② 要有谦和的态度。谦和的服务态度是赢得客户对服务满意度的重要保证。
③ 不轻易承诺。说了就要做到，言必信，行必果。
④ 谦虚是做好网络客服的要素之一。
⑤ 拥有博爱之心，真诚对待每一个人。
⑥ 要勇于承担责任。
⑦ 要有强烈的集体荣誉感。

⑧ 热情主动的服务态度。让每位客户都能感受到你的服务热情，在接受你的同时接受你的产品。

⑨ 要有良好的自控力。要有一个好的心态面对工作和客户，遇到不易沟通的客户要控制好自己的情绪，耐心解答。

（3）技能素质

① 良好的文字语言表达能力。

② 高超的语言沟通能力和谈判技巧。只有具备这样的素质，才能让客户接受你的产品并在与客户的价格交锋中取胜。

③ 丰富的专业知识。对于自己所经营的产品要具有一定的专业知识，才能在第一时间回答客户对产品的疑问。

④ 熟练的专业技能。

⑤ 具备对客户心理活动的洞察力。只有了解客户的心理，才能有针对性地对其进行推荐。

⑥ 具备良好的人际关系沟通能力。在销售过程中，保持良好的沟通是保证交易顺利达成的关键。不管是交易前，还是交易后，都要与客户保持良好的沟通，这样不但可以顺利地完成交易，还有可能将新客户变成自己的老客户。

⑦ 掌握接听电话的技巧。网络客服不仅要掌握网上的即时通信工具，很多时候进行电话沟通也必不可少。

⑧ 良好的倾听能力。

（4）综合素质

① 具有"客户至上"的服务观念。

② 具有对各种问题的分析解决能力。

③ 具有人际关系的协调能力。

2. 网络客服应具备的基本能力

网络客服应具备文字表达、资料收集、动手、了解代码、网页制作、参与交流、思考总结、适应变化、踏实坚韧等众多能力。

（1）文字表达能力

网络客服的基本能力是要把问题说清楚。但是对网店的宝贝描述、产品说明仔细分析一下，就会发现很多网店对客户希望了解的内容并没有说清楚。

（2）资料收集能力

网络客服收集资料主要有两个方面的价值：一是保存重要的历史资料；二是尽量做到某个重要领域资料的齐全。如果能收集大量与自己工作相关的资料，则会对业务提升有很大帮助。

（3）独立动手能力

需要网络客服亲自参与网店营销过程的诸多环节。有些问题也只有自己动手去操作才能发现，并且找到解决的办法。

（4）了解代码能力

网络客服不一定能成为编程高手，但应该了解一些与网店营销直接相关的基本代码，尤其是 HTML、ASP、JSP 等。即使不会熟练地用代码编写网页文件，也应该了解其基本含义，并能对网页代码进行分析时发现明显错误。

(5) 网页制作能力

网络客服应对网页设计的基本原则和方法有所了解，只有了解网页制作中的一些基本问题，才能知道策划的方案是否合理，以及是否可以实现，这些能力在进行网店策划时尤其重要。

(6) 参与交流能力

网络客服最主要的任务是利用互联网的手段促成营销信息的有效传播，而交流本身就是一种有效的信息传播方式。在互联网上有很多交流的机会，如论坛、博客、专栏文章、邮件列表等都可以参与进去以锻炼自己参与交流的能力。

(7) 思考总结能力

由于网店营销现在还没有形成非常完善的理论和方法体系，同时与实践也没有有效结合起来，未发挥出应有的指导作用，因此网络客服应在实际营销中，对出现的问题进行思考和总结。

(8) 适应变化能力

由于互联网环境和技术的发展很快，对网店营销的相关新技术也要不断学习。

(9) 踏实坚韧能力

网店的成长越来越艰难和漫长，只有踏踏实实、一步一步地向前才能成功。

任务 7.2　网络客服的岗位认知

教学目标

1. 了解售前的知识储备；
2. 掌握客户接待与沟通技巧；
3. 掌握售后服务的方法。

案例引入

许多网店都深知客服的重要性，却苦于没有良好的范例、完善的体系培训客服，没有好的激励机制提高客服的接单率。网络客服仅有好态度、反应快、24 小时在线就够了吗？客服不仅是接待者的角色，更要体现引导者的角色。

有礼貌的客服，感觉很温暖

根据图 7-1 的聊天信息，可以看到该网络客服存在的第一个问题：对话、接待客户不够热情，使人感觉冷漠。

聊天行数	会话时间	会话发起方	聊天内容
1	16:43:46	客户	你好
2	16:43:46	客服	你好，请问有什么帮您的（表情）如需咨询尺码，请先告诉我三围哦，要不我也没法回答哈（表情）
3	16:43:58	客户	这个产品（网址）
4	16:44:37	客户	平常穿33码，34码的这款能穿吗
5	16:44:46	客服	亲 正码
6	16:44:50	客服	跟平时一样
7	16:45:56	客户	给我包邮好吗
8	16:46:19	客服	抱歉 2件包邮
9	16:46:42	客户	这件能穿我下次还来买的
10	16:46:57	客服	亲 抱歉 真的不行
11	16:47:00	客服	不能

图 7-1　网络客服与客户的对话截图 1

如第 2 行、第 5 行、第 6 行、第 8 行、第 11 行回复的内容就非常不礼貌。换位思考一下，如果自身处于这位客户的位置上还会愿意继续聊下去，甚至购买该店的商品吗？网络客服应注意用词规范和礼貌待人。

技巧提升攻略：当确实不能包邮时，网络客服可以多运用一些表情和俏皮话来婉拒客户，同时把话题转移到商品本身上来，介绍商品优势或促销活动，推动客户下单。如可以这样回复：亲，不是不给你包邮，实在是竞争激烈，咱们的利润已经很低很低啦，再一包邮啥都没有啦。刚才亲看的这款衣服蛮适合现在的天气哦，既轻薄又能保暖，喜欢就果断拿下哦！

客服话太少，感觉态度冷淡

根据图 7-2 的聊天信息，可以看到该网络客服存在的第二个问题：与客户的对话基本是"一问一答"式的，而且简单空洞。

聊天行数	会话时间	会话发起方	聊天内容
1	22:44:42	客户	您好
2	22:44:42	客服	您好 亲 很高兴为您服务(表情)
3	22:44:42	客服	欢迎光临
4	22:45:02	客服	你好
5	22:46:17	客户	我想买这个（网址）有什么活动吗？
6	22:46:37	客服	没有
7	22:46:57	客户	……
8	22:47:15	客户	同城的几天能到？
9	22:47:23	客服	一般是第二天
10	22:47:26	客服	明天发货
11	22:47:30	客服	后天到
12	22:49:55	客户	那我买两条 邮费呢？
13	22:50:16	客服	算您一个邮费
14	22:51:29	客户	那一会儿帮我改价哈
15	22:51:56	客服	好
16	22:53:01	客服	不需要改，系统自动计算好了
17	22:53:10	客户	嗯 看见了
18	22:57:40	客户	麻烦尽快帮我发货哦
19	22:57:43	客服	好的（握手表情）

图 7-2　网络客服和客户的对话截图 2

网络客服对待客户的态度冷淡，且随意承诺，如第 9 行、第 11 行的回复。一般在网络客服接待过程中，不推荐为客户计算包裹到达时间，此处最好回复如下：亲，我们是发××快递的，一般是×～×天送达哦，但是最近快递爆仓可能会有延误，请见谅哈。

针对一问一答的问题，如第 6 行、第 16 行的回复，最好回复如下。

第 6 行：亲，由于年关刚过，活动基本都结束啦，这款商品到目前为止仍卖得非常好，其质量和上身效果都令人满意哦。

第 16 行：价格已帮您改好啦，请核对金额、尺码和收货地址是否正确，如有问题及时联系我哦。

技巧提升攻略：让网络客服学会和客户拉家常，但不要频繁，主要目的是推荐商品，促使客户购买，用聊天的形式把商品功能、特点等展现给顾客。

知识点：网店只有拥有完善的销售系统和相应的客户服务支持体制，才能为客户提供优质的服务和商品。在客户服务过程中，每个细节都至关重要，包括向客户提供信息的方式、与客户的初步接触、处理客户问题的方式、销售技巧、订单托收和管理、报价、产品和服务传递、开票和跟踪服务等。就客户而言，他们并不想要了解店铺的内部策略、规章制度或管理程序。

他们关心的是能否从网络客服那里得到想要的信息，从而决定是否购买店铺的商品或需要店铺为其提供服务。而客户一旦决定购买，网络客服应当及时提供商品或服务。如果在服务中出现了纰漏，轻则引起客户的不满，重则令店铺信誉受损。

客户除对具体某个（或某些）商品的需求以外，还有其他一些常被忽视的需求，这些需求在促成商品成交上发挥着巨大的作用，如安全及隐私的需求、有序服务的需求、及时服务的需求、被识别或记住的需求、被理解的需求、被称赞的需求、受尊重的需求、被信任的需求等。

网络客服的岗位认知

7.2.1 售前的知识储备

1. 商品知识方面

（1）商品的专业知识

网络客服应当对商品的种类、材质、尺寸、用途、注意事项等有一定的了解，还应当了解行业的相关知识。同时对商品的使用方法、洗涤方法、修理方法等也要有所了解。

（2）商品的周边知识

不同的商品会适合部分人群，如化妆品会有皮肤性质的问题，不同的皮肤性质在选择化妆品上会有很大的差别；又如有些玩具不适合婴儿玩，有些玩具不适合大童玩等。

此外，对同类的其他商品也要有所了解，这样在客户问询商品差异时，就可以更好地解答了。

2. 网站交易规则方面

（1）一般交易规则

网络客服应该从商家的角度了解网店的交易规则，更好地把握交易尺度。如有客户第一次在网上交易，不知道该如何进行时，网络客服除了要告诉客户查看网店的交易规则，还需要在一些细节上一步步地指导客户如何操作。

此外，网络客服还要学会查看交易详情，了解如何付款、修改价格、关闭交易、申请退款等流程。

（2）支付宝等支付网关的流程和规则

网络客服了解支付宝及其他网关交易的原则和时间规则，可以指导客户通过支付网关完成交易、查看交易的状况，以及更改现在的交易状况等。

3. 物流及付款知识方面

（1）如何付款

现在网上交易一般通过支付宝和银行付款两种方式完成支付。银行付款建议银行转账通过网上银行扫描二维码付款。网络客服应建议客户尽量采用支付宝等网关付款方式完成交易。

（2）物流知识

① 了解不同的物流及其运作方式。

邮寄：邮寄分为平邮（国内普通包裹）、快邮（国内快递包裹）和EMS。

快递：快递分为航空快递包裹和汽运快递包裹。

货运：货运分为汽运和铁路运输等。

还应了解国际邮包（包括空运、空运水陆路、水路）。

② 了解不同物流的其他重要信息。

了解不同物流方式的价格：如何计价，以及报价的还价空间有多大等问题。

了解不同物流方式的速度。

了解不同物流方式的联系方式：准备一份各个物流公司的电话，同时了解如何查询各个物流方式的网点情况。

了解不同物流方式应如何办理查询。

了解不同物流方式的包裹撤回、地址更改、状态查询、保价、问题件退回、代收货款、索赔的处理等。

掌握常用网址的信息：快递公司联系方式、邮政编码、邮费查询、汇款方式、批发方式等。

7.2.2 客户接待与沟通

1. 接待技巧

网络客服除具备一定的专业知识、周边知识、行业知识外，还要具备一些工作方面的技巧，具体内容如下。

（1）促成交易技巧

① 利用客户"怕买不到"的心理。

当对方已经有比较明显的购买意向时，就可以用以下说法来促成交易："这款是我们最畅销的了，经常脱销，现在这批只剩2个了，估计很快就会卖完，喜欢的话别错过了哦。"或"今天是优惠价的截止日，请把握良机，明天你可买不到这个折扣价了。"

② 利用客户希望快点拿到商品的心理。

大多数客户都希望在付款后越快寄出商品越好。所以在客户已有购买意向时，可以说："如果真的喜欢的话就赶紧拍下吧，快递员再过10分钟就要来了，如果现在支付成功的话，马上就能为您寄出了。"对于可以用网银转账或在线支付的客户尤为有效。

③ 当客户一再出现购买信号，却又犹豫不决时，可采用"二选其一"的技巧来促成交易。

例如，你可以对他说："请问您需要第14款还是第6款？"或者说："请问要平邮还是快递给您？"这种"二选其一"的问话技巧，只要客户选中一个，其实就是帮他拿主意，下决心购买了。

④ 帮助客户挑选，促成交易。

许多客户即使有意购买，也不会迅速签下订单，他总要东挑西拣，在产品颜色、规格、式样上不停地打转。这时你就要改变策略，暂时不谈订单的问题，转而热情地帮对方挑选颜色、规格、式样等，一旦上述问题解决，订单也就落实了。

⑤ 巧妙反问，促成订单。

当客户问到某种商品而店铺刚好没货时，就得运用反问技巧来促成订单。例如，客户问："这款有金色的吗？"这时，你不能回答没有，而应反问道："不好意思我们没有进货，不过有黑色、紫色、蓝色的，在这几种颜色里，您比较喜欢哪种呢？"

⑥ 积极推荐，促成交易。

当客户拿不定主意，需要你推荐时，应尽可能多地推荐符合其要求的款式，在每个链接后附上推荐的理由。如"这款是刚到的新款，目前市面上还很少见""这款是我们最受欢迎的款式之一""这款是我们最畅销的了,经常脱销"等,以此来尽量促成交易。

（2）时间控制技巧

除回答客户关于交易上的问题外,也可以适当聊天,从而促进双方的关系。但自己要控制好聊天的时间,聊到一定时间后可以"不好意思我有点事要走开一会儿"为由结束交谈。

（3）说服客户的技巧

① 调节气氛,以退为进。

在说服客户时,客服人员应该先调节谈话的气氛。如果客服人员和颜悦色地用提问的方式代替命令,并给人以维护自尊的机会,气氛就会是友好而和谐的,说服也就容易成功；反之,在说服时不尊重他人,拿出一副盛气凌人的架势,那么说服多半是要失败的。

② 争取同情,以弱克强。

渴望同情是人的天性,如果客服人员想说服比较强势的客户时,不妨采用这种争取同情的技巧,从而以弱克强,达到营销目的。

③ 消除防范,以情感化。

一般来说,在客服人员和要说服的客户较量时,彼此都会产生一种防范心理,尤其是在危急关头。这时候,要想使说服成功,客服人员就要注意消除对方的防范心理。从潜意识来说,防范心理的产生是一种自卫,也就是当人们把对方当作假想敌时产生的一种自卫心理,那么消除防范心理的最有效方法就是反复给予暗示,表示自己是朋友而不是敌人。这种暗示可采用多种方式,如嘘寒问暖、给予关心、表示愿意给予帮助等。

④ 投其所好,以心换心。

站在他人的立场上分析问题,能给客户一种为他着想的感觉,这种投其所好的技巧常常具有极强的说服力。要做到这一点,"知己知彼"十分重要。

⑤ 寻求一致,以短补长。

习惯于顽固拒绝他人说服的人,经常都处于"不"的心理组织状态之中,所以自然而然地会呈现僵硬的表情和姿势。遇到这种客户时,客服人员需要努力寻找与对方一致的地方,先让对方赞同你远离主题的意见,从而使他对你的话感兴趣,而后再想办法将你的建议引入话题,而最终求得对方的同意。

2. 沟通技巧

网购时因为看不到实物,所以常给人感觉比较虚幻,为了促成交易,沟通交谈技巧的运用对促成订单至关重要。

（1）态度方面

① 树立端正积极的态度。

树立端正积极的态度对网络客服来说尤为重要,尤其是在售出的商品出现问题时,不管是客户的错还是快递公司的问题,都应该及时解决,不能回避、推脱。积极主动地与客户进行沟通,尽快了解情况,并提出解决办法,让客户觉得受到尊重和重视。在整个购物过程中,应让客户感觉到购物的满足和乐趣。

② 要有足够的耐心与热情。

有些客户喜欢打破砂锅问到底,这时就需要我们有足够的耐心和热情,给客户一种信任感。决不可表现出不耐烦,就算对方不买也要说声"欢迎下次光临"。砍价的客户也是常会遇到的,在彼此能够接受的范围内可以适当的让一点利,如果确实不行也应该婉转地回绝,如"真的很抱歉，没能让您满意，我会争取努力改进"或引导客户换个角度来看待这件商品的所在价值，就不会太在意价格了。也可以建议客户先货比三家再做决定。总之要让客户感觉你是热情真诚的，千万不能说"我这里不还价"等伤害客户自尊的话语。

（2）表情方面

微笑是对客户最好的欢迎，虽然说网上与客户交流是看不见对方的，但从言语间还是可以感受到的。此外，多用旺旺表情也能收到很好的效果，如在说"欢迎光临""感谢您的惠顾"时，都应该送上一个微笑的表情符号，加与不加这个表情符号给人的感受完全是不同的。

（3）礼貌方面

一句"欢迎光临"能够让客户听起来非常舒服。客户来了，先来一句"欢迎光临，请多多关照。"或"欢迎光临，请问有什么可以为您效劳的吗？"。诚心致意地"说"出来，会让人有一种十分亲切的感觉，这样客户的心理抵抗力就会减弱或消失。

有时客户只是随便到店里看看，也要诚心地说："感谢光临本店。"诚心致谢是一种心理投资，不需要付出很大代价，却可以收到非常好的效果。

沟通过程中其实最关键的不是你说的话，而是你如何说话。看下面的例子，来感受一下不同说法的效果："您"和"MM 您"比较，前者正规客气，后者比较亲切。"不行"和"真的不好意思哦"；"嗯"和"好的没问题:)"都是前者生硬，后者比较有人情味。"不接受见面交易"和"不好意思我平时很忙，可能没有时间和你见面交易，请你理解哦"后一种语气更能让人接受。因此多采用礼貌的态度、谦和的语气，才能顺利地与客户建立起良好的沟通。

（4）语言文字方面

① 少用"我"，多使用"您"或"咱们"这样的字，让客户感觉你在全心全意地为他（她）考虑问题。

② 常用的规范用语。

"请"是一个非常重要的礼貌用语。

如"欢迎光临""认识您很高兴""希望在这里能找到您满意的 DD"。

"您好""请问""麻烦""请稍等""不好意思""非常抱歉""多谢支持"等都是常用的规范用语。

因此平时要注意提高修炼自己的内功，同样一件事不同的表达方式就会表达出不同的意思，很多交易中的误会和纠纷都是因为语言表述不当引起的。

③ 在客户服务的语言表达中，应尽量避免使用负面语言。

客户服务语言中不应有负面语言，这一点非常关键。比如，我不能、我不会、我不愿意、我不可以等，这些都是负面语言。

在对客户服务的语言中，当你说"我不能"时，客户的注意力就不会集中在你所能给予的事情上，而会集中在"为什么不能""凭什么不能"上。

正确的沟通方法："看看我们能够帮您做什么"，这样就避开了跟客户说"不行""不可以"了。

在对客户服务的语言中，当你说"我不会做"时，客户会产生负面感觉，认为你在抵抗。

正确的沟通方法："我们能为您做的是……"。

在对客户服务的语言中，当你说"这不是我应该做的"时，客户会觉得你认为他不配提出某种要求，从而不再听你解释。

正确的沟通方法："我很愿意为您做"。

在对客户服务的语言中，当你说"不"时，与客户的沟通会马上处于一种消极气氛中。

正确的沟通方法：告诉客户你能做什么，并且非常愿意帮助他们。

在对客户服务的语言中，当你说"您穿的这件衣服真好看，但是……"，只要出现了"但是"，就等于将前面对客户所说的话进行了否定。

正确的沟通方法：只要不说"但是"，说什么都行。

在对客户服务的语言中，当不能满足客户的要求时，要告诉他原因。

（5）旺旺方面

① 旺旺沟通的语气和旺旺表情的活用。

在旺旺上和客户对话时，应尽量使用活泼生动的语气，且在短时间内进行回复，不要让客户感觉你在怠慢他。这个时候如果实在很忙，不妨告诉客户"对不起，我现在比较忙，可能会回复的慢一点，请理解"，这样，客户才能理解并且体谅你。尽量使用完整客气的语句来表达，如要告诉客户不讲价时，应该尽量避免直截了当地说"不讲价"，而应礼貌而客气地表达"对不起，我们店的商品不讲价"若可以的话，还应该简单解释一下原因。

如果遇到没有合适语言来回复客户留言时，或者与其使用"呵呵""哈哈"等语气词，不妨使用旺旺表情，一个生动的表情就能让客户直接体会到你的心情。

② 旺旺使用技巧。

通过设置快速回复可提前把常用的句子保存起来，如欢迎词、不讲价的解释、请稍等，这样在忙乱时可以快速地回复客户，能节约出大量的时间。在日常回复中，发现哪些是客户问的比较多的问题，也可以把回答的内容保存起来，达到事半功倍的效果。

通过旺旺的状态设置可以给店铺做宣传，如写一些优惠措施、节假日提醒、推荐商品等。

如果暂时不在线上，可以设置"自动回复"，不至于让客户觉得自己没人搭理，也可以在自动回复中加上一些自己的话语，都能起到不错的效果。

（6）针对性方面

针对不同的客户应采用不同的沟通技巧。因客户对商品了解程度不同，所以沟通方式也应有所不同。

① 对商品缺乏认识，不了解。这类客户对商品知识缺乏，对客服依赖性强。你要像对待朋友一样细心地解答，多从客户的角度考虑进行推荐，并且说明推荐这些商品的原因。

② 对商品有些了解，但是一知半解。这类客户对商品了解一些，但比较主观，易冲动，不太容易产生信赖感。这时就要控制情绪，有理有节耐心地回答，向客户展示自己丰富的专业知识，从而增加对你的信赖。

③ 对商品非常了解。这类顾客知识面广，自信心强，问题往往都能问到点子上。你要表示出"好不容易遇到同行了"的态度，同客户探讨专业的知识，告诉客户"这个才是最好的，你一看就知道了"。让客户感觉自己真的被当成了内行的朋友。

（7）对价格要求不同的客户

① 有的客户很大方，看见你说不砍价就不再还价。对待这样的客户要表达感谢，并且主动告知优惠措施，如赠送小礼物等。这样，可让客户感觉物超所值。

② 有的客户会试探性地问能不能还价。对待这样的客户既要坚定地告知不能还价，同时也要态度和缓地说明商品是物有所值，并且要感谢客户的理解和合作。

③ 有的客户就是要讨价还价，不讲价就不高兴。对于这样的客户，要有理有节地拒绝其要求，不要被客户的各种威胁和祈求所动摇。适当时可建议客户再看看其他优惠的商品。

（8）对商品要求不同的客户

① 有的客户因为买过类似的商品，所以对购买的商品质量有清楚的认识，对于这样的客户是很好打交道的。

② 有的客户对商品将信将疑，会问：图片和商品是一样的吗？对于这样的客户要耐心地解释，在肯定是实物拍摄的同时，也要说明难免会有色差等客观因素，让客户有一定的思想准备，不要把商品想象得太过完美。

③ 有的客户非常挑剔，常会反复问：有没有瑕疵？有没有色差？有问题怎么办？怎么找你们等。这个时候就要意识到，这是一个很完美主义的客户，除了要实事求是地介绍商品，还要把一些可能存在的问题都介绍给客户，并告之没有商品是十全十美的。如果客户还坚持要完美的商品，就应该委婉地建议客户去实体店购买需要的商品。

（9）其他方面

① 坚守诚信。

网络购物虽然方便快捷，但其缺陷就是看不到摸不着。客户面对网上商品难免会有疑虑和戒心，所以网络客服对客户必须用一颗诚挚的心，包括诚实地解答客户的疑问，说明商品的优缺点。

坚守诚信还表现在一旦答应了客户的要求，就应该履行自己的承诺，不能出尔反尔。

② 凡事留有余地。

在与客户的交流中，不要使用肯定、保证、绝对等词语，这不等于售出的产品是次品，也不表示对买家不负责任，而是不让客户有失望的感觉。如卖化妆品的店铺，由于每个人的肤质不同，谁也不能保证商品在几天或一个月内一定能达到客户想象的效果。如果需要应使用尽量、争取、努力等词语，效果会更好。

③ 处处为客户着想。

让客户满意的重要一点体现在真正为客户着想，处处站在对方的立场，想客户之所想，把自己变成一个买家助手。

④ 多虚心请教。

当并不能马上判断客户的来意与其所需要的商品时，需要先问清楚客户的意图，具体需要什么商品、是送人还是自用等，才能准确地对其进行定位，以客为尊，满足客户的需求。

当客户表现出犹豫不决或不明白时，网络客服应该先问清客户困惑的原因，如果客户表述不清楚，也可以把客服自己的理解告诉客户，确认是不是理解对了，然后再针对客户的疑惑给予解答。

⑤ 做个专业卖家。

不是所有的客户对商品都是了解和熟悉的。当有客户对商品进行咨询时，就需要为客户耐心解答，不能一问三不知，这样会让客户感觉没有信任感。

⑥ 坦诚介绍商品的优点与缺点。

在介绍商品时，不要回避商品本身的缺点，虽然商品的缺点本应该尽量避免触及，但如果因此而造成售后客户抱怨，反而会失去信用，得到差评也就在所难免了。在介绍商品时切莫夸大其词，可先说缺点再说优点，这样会更容易被客户接受。在介绍特价商品时，可以强调一下，"这件商品拥有其他商品所没有的特色"等。

⑦ 遇到问题多检讨。

遇到问题时，先想想自己有什么做的不到位的地方，诚恳地向客户检讨自己的不足，不要上来先指责客户，如有些内容明明写了可客户却没看到，这时千万不要一味地指责客户没有好好阅读商品说明，而是应该反省自己没有及时进行提醒。

⑧ 换位思考多理解。

当遇到不理解客户想法时，不妨多问问客户是怎么想的，然后把自己放在客户的角度进行思考。

⑨ 尊重对方的立场。

当客户表达不同的意见时，要力求体谅和理解，如用"我理解您现在的心情，目前……"或"我也是这么想的，不过……"来表达，这样客户会觉得你是站在他（她）的角度思考问题。

⑩ 保持相同的谈话方式。

对于不同的客户应该尽量用和他（她）相同的谈话方式来交谈。如果客户是年轻的妈妈要给孩子选商品，就应该站在母亲的立场，考虑孩子的需要，用比较成熟的语气来表述，这样更能得到客户的信赖。

⑪ 经常对客户表示感谢。

当客户及时完成付款，或者很痛快地达成交易时，应该对客户表示衷心的感谢。

⑫ 坚持自己的原则。

销售过程遇到讨价还价的客户时，应当坚持自己的原则。

如果商家在定制价格时已经决定不再议价，那么网络客服就应该向要求议价的客户明确表示这个原则。

如果没有坚持原则，如给没有符合包邮条件的客户包邮了，后果会很严重，因为其他客户会觉得不公平，会给客户留下经营管理不正规的印象。

7.2.3 网络客服的售后服务

维护好1个老客户比开发10个新客户要重要得多，那么如何才能做好售后服务呢，具体内容如下。

（1）售后服务是整个物品销售过程的重点之一

好的售后服务会带给客户非常好的购物体验，使其成为忠实客户，以后会经常购买店内的商品。

（2）树立正确的售后服务观念

每个网络客服都应该建立一种"真诚为客户服务"的观念。

（3）售后服务很难做到让所有的用户都满意

网络客服只要在"真诚为客户服务"的指导下，问心无愧地做好售后服务，就会得到客户的理解。

（4）充分把握与客户交流的每次机会

与客户的每次交流都是一次彼此增加信任的机会。客户也会把自己认为好的店铺推荐给更多的朋友。

1. 有效订单的处理

商品成交后网络客服应主动和客户联系，避免该客户由于没有及时联系而流失掉，具体内容如下。

（1）发送自己制作的成交邮件模板或旺旺信息。

（2）为了避免冲动性购物的客户流失掉，趁热打铁至关重要，建议商品成交的当天就发出成交邮件。

（3）由于网络有时不稳定，有些客户的邮箱不一定能及时收到邮件，如果当客户两天内没有回复你的邮件时，就可以主动打电话询问是否收到成交邮件或旺旺留言。

（4）撰写提醒邮件：商家难免会遇到买家出价不买的情况，可发送一封提醒邮件，也会起到一定的效果。

商品交易结束后要及时评价，才能让其他客户看到自己信用度的变化。

有些客户并不会及时做出评价，网络客服可以友善地进行提醒，因为这些评价将成为其他客户购买该商品的重要参考。

评价还有一个重要的功能，如果客户对商品给出了不公正的评价，网络客服可以在评价下面及时做出合理的解释。

在"我的旺旺"已售出物品中，网络客服可以标注给客户的信用评价，同时也可以看到客户给出的评价。

对不同客户可以设置不同备注，具体内容如下。

（1）总结客户群体的特征。因为只有了解客户的情况，才能有针对性地进货，更好地发展生意。

（2）建立客户资料库，及时记录每笔交易的客户联系方式。

（3）收集客户的背景信息至关重要。在和客户交易的过程中，能够了解其职业或所在城市等信息，可总结不同人群所适合的商品。

（4）对购买能力强的客户要重点总结。

当用户成为客户后，对其维护的好坏将直接影响持续购买力。

① 忠实客户所产生的销售额通常能够达到一定比例。对客户除了做好第 1 次交易，更要做好后续的维护。

② 定期给客户发送有针对性的邮件和旺旺消息。但切忌太频繁，否则很可能被当作垃圾邮件，另外宣传的物品也要有吸引力。

③ 把忠实客户设定为 VIP 买家群体。在店铺内制定出相应的优惠政策，如享受新品优惠等。

④ 定期回访客户，通过打电话、旺旺或 E-mail 的方式关心客户，与他们建立起良好的关系，同时也可以得到很好的建议。

2. 客户投诉的处理

要找到最合适的方式与客户进行交流。很多网络客服都会有这样的感受，客户在投诉时会情绪激动，甚至破口大骂，这是一种发泄，此时，客户最希望得到同情、尊重和重视，因此，网络客户应向其表示道歉，并采取相应的措施。

（1）快速反应

当客户认为商品有问题时，一般都会比较着急，怕不能得到解决。这时网络客服要快速反应，及时查询问题发生的原因，帮助客户解决问题。即使有些问题不能够马上解决，也要告诉客户正在处理中。

（2）热情接待

如果客户收到商品后，反映有问题，网络客服要比交易时更热情，这样客户就会对店铺有信任感。

（3）表示愿意提供帮助

当客户正在关注问题是否能解决时，网络客服应表示乐于提供帮助，自然会让客户感到安全，从而消除对立情绪，形成依赖感。

（4）引导客户思绪

运用一些方法来引导客户的思绪，从而化解其愤怒情绪。

① "何时"法提问。

对于客户的抱怨应当用一些"何时"问题来冲淡其中的负面成分，逐渐使客户的火气降下来。

客户："你们太不负责任了，才导致了今天的状况！"

网络客服："您什么时候感到我们没能及时替您解决这个问题的呢？"

而不应当说："我们怎么？这个状况跟我们有关系吗？"

② 转移话题。

当客户在不断发火、指责时，可以抓住一些相关的内容来转移话题，以缓和气氛。

客户："你们这么搞让我太被动了，孩子还等着用呢。"

网络客服："我十分理解您，您的孩子多大啦？"

客户："嗯……6岁半。"

③ 间隙转折。

通过暂时停止对话，以缓解气氛。

"稍等，我跟领导请示一下，看看怎样解决这个问题。"

④ 给定限制。

当客户依然出言不逊，吵闹不止时，网络客服可以采用较为坚定的态度给客户一定的限制。

"汪先生，我非常想帮助您。但如果您的情绪一直这样激动，我只能和您另外约时间了。您看呢？"

⑤ 认真倾听。

对客户投诉商品的问题不要着急辩解，要耐心听清楚问题的所在，然后和客户一起分析问题出在哪里，进而有针对性地找到解决问题的办法。

在倾听客户投诉时，不但要听他表达的内容，还要注意其语调与音量，这有助于了解客户语言背后的内在情绪。同时，要通过解释与澄清，来确保你真正了解客户的问题。

"王先生，您看我的理解是否正确。您一个月前买了我们店里的手机，使用时出现无故死机的情况。您已到手机维修中心检测过，但测试结果没有任何问题。今天，再次发生死机，您要求更换产品。我的理解对吗？"

认真倾听客户，向客户解释他所表达的意思，并请教客户自己的理解是否正确，这些都是向客户表明对他的尊重。同时，也给客户一个补充说明的机会。

⑥ 认同客户的感受。

客户在投诉时会表现出烦恼、失望、愤怒等各种情感，网络客服不应当把这些表现理解成是对自己的不满。

客户的这种情绪是有理由的，理应得到极大的重视和迅速、合理的解决，所以网络客服应让客户知道自己的态度："王先生，对不起，让您感到不愉快了，我非常理解您此时的感受。"

网络客服只有理解客户才有可能真正了解其问题，找到合适的交流方式。

⑦ 安抚和解释。

站在客户的角度想问题，换位思考，可以对客户说："我同意您的看法""我也是这么想的"，这样客户就会对你产生信任感。另外，在沟通时对客户的称呼也是很重要的，比如，"我们分析一下这个问题""我们看看……"这样客户感觉会更亲近一些，对客户也要以"您"来称呼，不要一口一个"你"，这样既不专业，也没礼貌。

⑧ 诚恳道歉。

不管是因为什么样的原因造成客户的不满，都要诚恳地向客户致歉，对因此给客户造成的不愉快和损失道歉。如果客服人员已经非常诚恳地认识到自己的不足了，客户一般也不好意思再继续不依不饶了。

⑨ 提出补救措施。

对于客户的不满，要能及时提出补救的方式，并且明确告之。一个及时有效的补救措施，往往能让客户的不满转化为感谢和满意。

针对客户的投诉，网络客服在提供解决方案时要注意的内容如下。

- 为客户提供选择。通常问题的解决方案都不是唯一的，给客户提供选择会让他（她）感受到尊重，同时，在实施时也会得到来自客户方更多的认可和配合。
- 诚实地向客户承诺。因为有些问题比较复杂或特殊，网络客服并不确定应该如何为客户解决。这时就要诚实地告诉客户，正在尽力寻找解决的方法，但需要一点时间，然后约定给客户回话的时间。网络客服一定要确保准时给客户回话，即使仍不能解决问题，也要告知问题解决的进展情况，并再次约定答复时间。
- 适当给客户补偿。很多企业都会给网络客服一定授权，以灵活处理此类问题。但要注意的是，将问题解决后，一定要避免发生类似的问题，要从根本上减少此类问题的发生。

⑩ 通知客户并及时跟进。

给客户采取什么样的补救措施，现在进展到了哪一步，都应及时告之，当客户觉得补救措施及时有效，网店对这个问题很重视时，就会感到放心。

3. 客户评价管理

信用是网店的立足之本，影响信用的重要因素就是客户评价。这个评价直接与网店等级挂钩，等级越高其信誉度就越好。客户在选中商品后，为了减小购物风险，必然要关注网店的信用状况，因而会选择好评率高的商家。因此，线上客户评价已成为网店信誉度的重要依据。

在网店经营中，每完成一笔交易后，双方均有权对对方交易的情况做出评价，这个评价亦称为信用评价。该评价分为"好评""中评""差评"3类，每种评价对应一个积分，"好评"加1分、"中评"不加/减分、"差评"扣1分。网店在卖出商品后，只有得到好评才会有加分升等级的机会，等级越高，信誉度也就越高，那么客户也会变得多起来。

常见客户评价的类型分为客户自发型评价、引导客户评价和强制客户评价。

（1）客户自发型评价

通常情况下，如果客户购买的商品，在质量、价格和客户服务上比较满意，就会主动给网站一个好评。许多商品在网上看到的和实物不一样，很多客户就会给中评或差评。客户这种自发的评价是比较真实的一种评价类型。

（2）引导客户评价

网络客服需要先向客户提问，有机会了解客户的购买原因，然后了解客户对商品的满意度，最后与客户建立朋友关系，认真倾听并了解客户需求。交易达成后，可适当引导客户做出好评，这样客户也会更加信任和听取你的意见，并给予好评。

（3）强制客户评价

除以上两种情况外，还有一种是强制性的评价，分别来自网站和店主。

网站评价管理规则是客户在交易成功后 15 天内，如没有对商品和店铺进行评价，则系统自动默认为好评。

有一些店铺的首页会写明，购买本店商品必须好评，否则不做这次交易也行。或者在交易完成后，看到客户给了中评或差评后，就会主动联系客户直到给出好评为止，这就是来自店主的强制客户的情况。

网络客户服务工具有 FAQ（常见问题解答）、电子邮件、网络虚拟社区和呼叫中心等。

（1）FAQ

FAQ 设计时的注意事项如下。

① 页面的设计。

② 检索功能的设计。

③ 分类管理目录的结构设计。

④ 内容的来源。

⑤ 操作应简单易用。

⑥ 保证具有有效性。

FAQ 应用时的注意事项如下。

① 应与站点规模相适应。

② 应从客户的角度出发。

③ 信息量的适度问题。

（2）电子邮件

客户电子邮件的管理包括以下内容。

① 电子邮件管理的目标。

② 邮件的收阅与答复，包括确保邮件传送；向客户提供方便；采用自动应答器，实现自动答复。

③ 主动为客户服务。

④ 电子邮件营销服务中关于垃圾邮件的处理。

（3）网络虚拟社区

网络虚拟社区指单位或个人由于共同的兴趣和爱好、互相交流而在互联网上形成的一个互惠互利群体。

网络虚拟社区的客户效应包括增加对企业产品的理解和认识，以及社区成员能从相互关心和照顾中产生一种身份意识。

网络虚拟社区的创立与运用策略包括确定社区诉求点、提供起始页面和工具、吸引成员、参与和维护。

（4）呼叫中心

呼叫中心（Call Center）指以电话接入为主的呼叫响应中心，它可为用户提供各种电话响应服务。

呼叫中心的发展历程分为第 1 代呼叫中心系统（早期的呼叫中心）、第 2 代呼叫中心系统、第 3 代呼叫中心系统。

呼叫中心具有突破地域限制、突破时间限制、提高客户服务质量、节约开支、留住客户，以及带来新商业机遇的作用。

呼叫中心的应用包括呼叫中心与 800 业务相结合、呼叫中心与 Internet 的结合。

任务7.3 网络客服的服务技能

教学目标

1. 了解网络客服的售前服务技能；
2. 了解网络客服的售后接待技能。

案例引入

海尔公司车队"于喜善"的客户服务

海尔公司车队有个小车司机叫于喜善，平时开车喜欢听音乐。有一次，他接待了一位来自欧洲的女客户，这位女士上车后，于喜善开始放音乐，并通过车内的反光镜观察后座的客户是否喜欢听。这次他放的是腾格尔的《在银色的月光下》，那位女士在后边随着音乐晃动边听边说："这音乐真好听，我也要买一张。"说完客户就下了车，要司机1小时后再来接她。于喜善想，她在青岛人生地不熟的，去哪儿买啊？于是他就买了同样的一张《在银色的月光下》的唱片，待那位客户上车时，给了这位女士，他的这个举动令那位女士非常感动，连连称赞海尔公司为客户考虑得太周到了。

【练习与思考】

于喜善为客户提供了哪些服务？从观察客户是否喜欢听车上放的音乐到为客户购买唱片，都体现了司机的细心和贴心。关注客户享受服务的感受是"应该的服务"，而为客户买唱片就是"超乎想象的服务了"。

网络客服的服务技能

7.3.1 售前客服的服务技能

售前客服的服务技能包括迎接问好、疑问解答、产品推荐、解决客户异议、订单催付确认和礼貌告别。

1. 迎接问好

迎接问好是网络客服接待客户的第一个工作流程，首次问好得当，将会决定本次交易的顺利进行，反之，则会造成客户的反感或不悦，导致客户直接流失。

无论是首次迎接客户做出的响应，还是后续交流的回复响应，都应努力提高速度，减少客户的等待时间。提升首次响应速度的方法包括：制定响应时间目标，并根据店铺类型差异进行适当的调整；设置自动回复，但这只是暂时给客户的一个好印象，人工服务要马上跟上。

响应快是留住客户的基础要素，热情的态度更为关键。同时，在与客户沟通时，不要使用不恰当的表情和字体，避免引起客户的反感。

响应格式也是影响客户体验的重要因素，应分段表达、文字简明扼要，采用常见问题自助解答格式，更方便客户阅读。

除此之外，还要注意响应内容，其格式可参考"客户称呼+店铺+自我介绍+服务态度"。

2. 疑问解答

网络客服在解答客户疑问时，要做到热情、精准、高效。

（1）精准回答能够体现网络客服的专业性，这就要求网络客服必须精通平台规则、营销活动等，熟练掌握商品等各项知识，同时用心体会客户的问题，主动挖掘客户的真实需求。

（2）高效回答就是把常见问题整理出来，写好答案，编辑成短语，快捷回复；准备好图片和视频素材，有些问题可以用图片展示，如尺寸；产品的使用方法可以用视频介绍；在必要时可以与客户进行电话或发语音沟通。

3. 产品推荐

客户进店铺后该如何进行产品推荐呢？

（1）收集信息，分析客户需求。推荐产品前必须收集客户信息，多用开放式提问。在客户决策下单时多用封闭式提问。

（2）在客户的需求不能满足时，需要做好两项工作：一是继续推进价格相当、风格相似的商品；二是引导客户添加购物收藏、客服号等。

（3）推荐商品时的技巧：问答+赞=转化成交，每个人的内心都期许别人的肯定和赞美，网络客服千万不要吝啬自己的赞美之言；假定成交≈真实成交，如"您的豆浆是要加1个鸡蛋，还是加2个鸡蛋？"和"您需要加鸡蛋吗？"，显然，前者转化成交的机会要大一些。

4. 解决客户异议

产生异议的最常见的问题是商品和物流。

商品问题一般包括商品质量、使用方法和价格等。①商品质量：应有理有据，告知商品特性，让客户相信商品质量。②使用方法：用图片或视频进行指导和讲解，消除客户的疑虑。③价格：根据公司的议价规定，有针对地采取措施，即使不支持议价，也要掌握方法技巧，注意态度语气。

物流问题一般包括发货时间、快递选择和到货时间等。

5. 订单催付确认

订单确认是最容易被忽略的客户服务流程，客户下单却未付款的原因有议价不成功、对服务不满、货比三家，以及需要再看看、有所担心或对品牌缺乏信息、操作原因等。

订单催付的技巧：①善用工具，通过打字或直接单击插件的催付按钮，必要时可采取短信和电话催付；②把握时间节点，跟进客户不同下单时间进行合理催付，切忌频繁不分时间；③掌握沟通思路；④使用个性化的催付话术，增加客户的好感，拉近心理距离；⑤反馈跟进。与接班客服做好交接工作。

6. 礼貌告别

礼貌告别可以为本次服务留下好印象，同时也为下一次服务做好铺垫。网络客服在礼貌告别时要做到：①邀请客户对服务进行评价，提高客户的购物体验；②邀请客户加入客服号，加强店铺老客户的黏度；③邀请客户对商品进行评价，提升店铺的消费反馈。

7.3.2 售后客服的接待技能

售前客服工作的核心是转化成交，那么售后工作的核心就是对客户极度负责任。

售后常见问题主要有地址、物流、到货时间、产品质量等。

售后服务工作一般要经过表达歉意、核实问题、制订方案和引导好评的流程。

首先，表达歉意。对于客户反映的问题和不满，不管是什么原因，先表达歉意，或者表明帮助客户解决好问题的决心，以稳定客户的情绪。

其次，询问详情。通过与客户的沟通，弄清事情的来龙去脉做到心中有数，知道问题出在哪里，责任可能是谁的，为后面的处理方案打好基础。

再次，提供解决方案。有理有据地给出解决办法，既要考虑店铺的利益，更要考虑客户的利益。

最后，引导好评。在妥善处理完客户的问题后，可以邀请客户给予评价，但不要勉强。

售后服务技能的主要内容如下。

（1）交接与备注应详尽

网络客服在换班时，一定要做好交接工作，把售中信息和售后信息登记成表格，方便下一班次的网络客服继续跟进处理和掌握情况。促成客户下单后，务必把重要信息备注到订单上，并且备注的格式和内容一定要详细、准确。

（2）售后客服话术

针对不同类型的问题，可以整理出一些固定的话术，以提高沟通效率和质量。常用的有安抚话术、核实问题话术、提出解决方案话术。

（3）提出解决方案

在处理售后问题时，了解清楚问题的来龙去脉后，应提出高质量的解决方案，既要对客户负责任，也要考虑店铺的利益。

（4）售后主动回访

通过回访可以挖掘客户使用场景和使用感受，提醒客户使用注意事项，避免客户遇到问题直接给差评，甚至可以争取更多客户给出好评。

（5）售后服务问题反馈

客服部门收到大量反馈意见，其中很多有价值的意见并不是客服部门能够解决的，可以将这些问题提报至其他部门，以帮助店铺不断优化流程。

网络客服要学会按照要求收集整理售后问题，包括客户反馈问题、客户接受的处理方式、处理时间。对于一些特殊案例，网络客服还需要记录聊天的整个过程。

任务7.4　智能客服

教学目标

1. 了解智能客服的定义；
2. 了解智能客服的现状；
3. 了解智能客服的发展趋势。

案例引入

"深商e天下"的智能客服机器人服务

"深商e天下"客服平台拥有4大优势：全渠道、跨领域、高智商和高情商、企业级管理。

全渠道指随时随地的智能客服。"深商e天下"智能客服机器人已经率先实现了基于文本、语音、多媒体信息的人机双向互动的全渠道整合应用。无论何时何地，客户都能通过"深商e天下"智能客服机器人，以便捷快速的方式，获得丰富的产品信息和全面的业务指导。

跨领域指资深专业的智能客服。"深商e天下"智能客服机器人能够适用于不同领域，尤其是对于大规模客户服务需求的领域，如电信运营商、金融行业、电子商务、电子政务等。

高智商和高情商指聪明体贴的智能客服。"深商 e 天下"智能客服机器人拥有全球领先的第 6 代中文智能人机对话引擎，在每年 1000 万次的对话访问中拥有全球最大的中文语料库之一，能够为客户带来流畅、愉悦的智能对话体验。

企业级管理指高效管理的智能客服。"深商 e 天下"知识库模型采用基于知识本体、具有动态知识维度的、语言和业务知识库有机统一的结构。因此，可根据客户的业务发展，进行多渠道、多维度的统一管理和快速扩展。同时，"深商 e 天下"智能客服机器人还提供对外开放接口，可以和企业内部的 CRM、其他非结构化知识库及应用进行快速整合。

【练习与思考】

智能客服可以给人们的生活带来哪些便利？

7.4.1 智能客服的概念

随着大数据、云计算应用的日益普及，随着机器学习及深度学习算法的人工智能技术不断升级迭代，基于智能对话、智能辅助、智能营销、智能管理的人工智能客服应运而生。

智能客服是创新和使用客户知识，帮助企业提高优化客户关系的决策能力和整体运营能力的概念、方法、过程及软件的集合。

针对客户需求智能客服应能对客户的一些简单重复性问题进行回答，并且能够处理一些可能存在的客户闲聊式会话。与此同时，智能客服遇到复杂困难问题时要及时向人工客服进行反馈，以保证服务的质量。同时还要保证回复延时不能太长。

在企业客户服务领域，现阶段人工智能技术应用可分为以下 4 个发展阶段。

（1）以智能机器人及智能助理为主的自助服务交互，可 7×24 小时不间断地处理海量的常规咨询问答、业务办理、流程引导、社交媒体监控及预警等简单场景。调查数据显示，智能客服的成本仅为人工客服的 10%，却能为消费者解决 60%以上的常见问题。

（2）与人工服务相配合，在人工服务过程中进行智能路由，完成客户需求预判、快速侦测、识别、判断、查询、推荐等机器擅长的工作，使人工服务流程更快捷和高效，从而更好地满足客户需求，提升客户体验。

（3）在服务运营管理方面，通过对交互流程、内容的分析，发现并甄别一线员工的流程及规范遵守、工作模式、技能差距、培训需求、客户痛点、需求根源、行为预测等运营改善空间，使运营提升更具针对性。

（4）在营销管理方面，能为客户提供智能推荐，实现精准营销。系统能"认出"每一位访客，通过自动抓取访客信息，精准描绘客户画像，根据这些"客户画像"，网络客服及营销人员可提供针对性的商品服务，而不仅仅是简单的问题回复。

例如，周黑鸭直营店遍布全国，每天都有大量客户通过不同渠道进行售前、售后的咨询，人工客服工作压力大、任务重，且无法全天候在线解答客户问题，为了节省网络客服运营成本、提高客服效率、提升企业效益和客户满意度，周黑鸭为客户搭建了全渠道接入的智能机器人在线客服，网站、微信公众号、App 等线上咨询渠道，在产品质量、规格、价格、会员卡等常见问题中配置自动答复功能，把许多常规性、重复性问题交由机器人解答，实现 7×24 小时在线客服模拟真人对话服务，帮助企业减少人工成本，提高了工作效率，同时还极大地提升了客户的满意度。

7.4.2 智能客服的现状

由于将大数据、云计算、移动互联网、全媒体服务渠道等先进技术应用于客户服务中，丰富了服务内涵和形式，改变了服务模式和理念，极大地满足了客户对客户服务的高质量要求，未来发展前景十分巨大。统计数据显示，智能客服机器人正在以40%～50%的比例替代人工客服的工作。

我国约有500万名全职客服，以每人年平均工资6万元计算，再加以硬件设备等基础设施，整体规模约为4000亿元。在此基础上，排除场地、设备等基础设施及甲方预算缩减因素，约有2000亿～3000亿元市场蛋糕留给智能客服公司。而对国内智能客服行业而言，扣除互联网巨头占据的80%市场份额，留给数百家中小智能客服厂商的蛋糕已不多了。

作为自然语言理解技术最先商业化落地的行业，从传统呼叫中心厂商到SaaS云客服企业、客服机器人公司、互联网巨头，各类企业纷纷通过AI（人工智能）、大数据、云计算技术为客服赋能。除了阿里巴巴、百度、腾讯、京东、谷歌等巨头外，老牌AI客服企业有科大讯飞、捷通华声、思必驰、普强信息等，后起之秀有易谷网络、云知声、声智科技、灵伴科技、极限元等。

中国联通的QQ客服智能机器人、微信营业厅可以提供实现24小时不间断，并且能一对多地在线服务。在微信上，当客户将手机号码和智能机器人绑定后，客户可以通过该账号实现当月话费、套餐余量、上网流量、可用余额、历史账单、积分查询、套餐产品、营业网点等内容的查询服务，也可以办理话费充值等业务。在后台，智能机器人系统可实现对信息的分析、过滤、分类维护，提供给网络客服分类信息查询、用户信息分析、考核、追踪、补充、修订功能，而管理人员则在监控平台上实现对整个系统和运营的管理，同时系统还可生成智能机器人统计报表，完成对不同回复类型、对话记录、成功率等的统计，追踪客户历史轨迹，梳理其消费习惯，并对不同统计维度的客户群进行内容推送。

交通银行依靠智能客服打造客服体系分两期完成，首期为智能客服机器人网页版和短信版。据统计，半年间累计服务客户超过50万人，回答准确率为95%以上。二期上线的App版（手机银行语音版）、微信版智能客服机器人实现的功能更为全面，除包括余额查询、账户挂失、手机号转账、转账费率查询、预约取款、账单查询、信用卡还款、积分查询、信用卡挂失等银行领域的基本业务办理外，还能实现手机充值、购买电影票、机票预订、火车票查询、彩票投注、交通违章代缴、游戏充值等功能，在节省服务成本的基础上大大提升了客户的使用体验。

上海"12333智询通"，有效整合了人工智能技术、上海市人力资源社会保障局网站的资源，市民可随时了解人力资源社会保障相关政策法规、经办流程、业务指南等问题，而且在输入过程中系统会自动提示与之相关的问题，指导客户使用，同时还支持自然语音的交互，保证市民的问题得到准确答复。

7.4.3 智能客服的发展趋势

随着移动互联网的迅速发展，在颠覆传统行业企业管理模式的同时，也加速了企业思维的转变。利用全新科技，可让企业的服务更智能、营销更准确，在成本经济基础上利用全媒体方式为客户提供更为灵活、专业的定制服务。

智能客服系统具有智能化、移动化、社交化、云端化等特点，不仅拥有传统客服系统的功能，还能很好地解决传统客服带来的问题。

能将智能客服打造为智能综合管理平台。与传统售后客服不同，智能客服能在售前、售中、售后为企业提供一站式服务。未来智能客服系统应具有全渠道客户一站式管理能力，支持与客户联系沟通的 PC 网页、移动网页、QQ、微信、微博、移动应用、电话、短信、邮件等全渠道接入方式，高效整合各类电子渠道资源，全面覆盖目标客户，并可嵌入所有营销路径，同时各渠道客户反馈可汇总至智能客服平台进行统一管理，可大大提升企业客服的效率。

能充分提高与企业实际业务的融合度，主要体现在 3 个方面，①能基于业务流程、业务特点来调整系统的计算流程和算法，让系统更加契合不同企业的实际情况，提高推荐精准度；②积累业务知识。业务知识包括知识库和行业专业词典，知识库是智能客服的服务基础，专业词典则是影响智能客服认知的元素；③融合企业的业务分析成果，提高智能客服系统的综合业务能力。例如，结合产品将精准营销模型嵌入智能客服系统，可在交互过程中及时捕捉客户意向、助力企业捕捉营销机会。

能完善系统技术应用，实现系统自我学习，提升系统智能水平。建立智能客服系统不仅仅是 IT 建设问题，如果仍停留在传统 IT 思维模式，通过机械化的分词、关键字进行搜索、匹配，就远谈不上智能。IT 只是实现系统的手段之一，真正的智能客服是集人工智能、计算机科学、语言学等多门学科于一体的综合应用，让机器主动认知学习，不断强化行为模式，提高思考能力，从而更加灵活地完成各项工作任务。

机器学习、深度学习技术早已不是实验室理论，已在诸多领域得以应用。因此，企业可以在智能客服建设过程中进行相关方面的研究，让系统不断进行自我学习优化，从而真正体现智能客服的价值。

让系统听懂"人话"是提高智能客服水平的核心要求。智能服务的基础核心技术是自然语言处理，其通过对自然语言进行分词、分析、抽取、检索、变换、翻译，让计算机快速理解自然语言所表达的意图，并能准确反馈客户所需信息。因此，要提高系统理解能力，不能只进行简单的切词匹配，必须更充分地利用语义分析、情感分析、上下文关联等自然语言处理技术，才能准确判断客户需求并提供最佳答案。

打造多轮对话及复杂场景处理的能力，大力提升 AI 应变能力。一个好的智能客服，可以在垂直场景下不断优化话术内容，能够在多次打断交谈的复杂语音背景下实现对话，还可以根据对话语境进行多轮次自然语言理解，从而及时灵活地响应客户对话。

值得强调的是，智能客服建设不能忘记初心，谨记"以客户为中心，利用新一代信息技术提升客户体验的升级"的目标使命，才能在激烈的市场竞争中脱颖而出。

职场直通车

当前智能客服还尚不能完全替代人工客服的两个原因：①AI 技术水平还不能支撑全面取代人工，智能客服常用于客户意图、需求预测方面，针对复杂、个性化问题的解决能力仍比较欠缺。所以目前最常见的应用是"智能+人工"模式，即普通的常见问题由智能客服解决，复杂、个性化问题转接人工客服。此外，就客户体验而言，相较机械式回复的智能客服，大多数消费者还是喜欢充满"人情味"的人工客服。②智能客服只能被动等待客户提问后再回答，还无法主动与客户进行有效沟通。

项目 8　精准营销

任务 8.1　营销数据分析基础

教学目标

1. 能够阐述数据分析的作用；
2. 能够阐述数据分析的工作原理；
3. 能够了解并熟练掌握数据分析的工作流程；
4. 能够明晰各维度下的数据分析工作内容。

案例引入

曼城队与葡式蛋挞

2011 年夏天，曼城队的助理教练大卫·普拉特决定利用数据分析来解决球队在表现方面遇到的一个棘手难题。普拉特发现，尽管球队阵容中拥有多名高大强壮的球员，但他们的角球得分情况却不尽如人意。

在征求了俱乐部内部数据分析师的意见后，该队增加了对内旋角球（球转向守门员方向）的使用。战术转变后产生了惊人的效果，在整个赛季中，曼城队依靠角球打入了 15 个进球，成为英超角球得分效率最高的球队，其中 2/3 的进球采用的是内旋角球。

这个实践结果为数据驱动型决策提供了强有力的支撑。早在两年前，曼奇尼曾就球队角球的使用情况咨询过俱乐部的数据分析师。分析师回应，外旋角球（球飞向远离守门员的方向）从数据统计上看并不理想。

曼奇尼选择了相信自己的直觉而非数据分析的导向性建议。因为直觉告诉他，球旋向远离门将的方向减小了门将触球的概率，同时增加了进攻队员冲顶时争到头球的概率。但当曼奇尼发现两种变数存在某种联系时，直觉却模糊了他对两者关联程度的判断能力。但数据表明，内旋角球和进球数存在着更为直接的因果关系。

对一些案例的研究能为我们改善商业决策带来哪些启示呢？一家美国零售商最近发现，两种不同变数之间存在着某种有趣的联系。当天气变冷，肉桂葡式蛋挞的销量会上升500%，但并非所有的葡式蛋挞，而只是肉桂这一个品种。面对这种零星数据，零售商要做出抉择。每当预测天气即将转冷时，应该储备多少肉桂葡式蛋挞呢？还有一家零售商发现，羊奶干酪打折似乎能促进红酒的销售。希望减小红酒库存的时候，是不是应采用羊奶干酪打折这种方法？

这两个问题的答案取决于大数据分析的核心问题：弄清相关性与因果关系之间的区别。人类善于发现事物的相关性，但在发掘直接相关事物的关系时则显得有些笨拙。将相关性误解为因果关系所做出的决策是危险的，可能会遭受惨败。

最近的一项研究显示，某国的巧克力销量与诺贝尔奖的人均比例之间呈现明显的相关性。各国是不是都该鼓励公民增加巧克力的消费来提高获得诺贝尔奖的人数呢？

为有效利用大数据，相关性分析应仅作为一个出发点去考虑。如果两个变量存在关联，该如何应对呢？当然，政府在推行"巧克力替代教育"的政策之前，应当首先考虑一下其他因素，例如，看看那些获得诺贝尔奖人数较多的国家相对教育水平和研究预算，与巧克力消费相比，这两个变量与获诺贝尔奖的因果关系显然更大。

同样，那些葡式蛋挞和羊奶干酪的零售商们在拥有十足把握以前，需要对他们的假设进行验证。比如说，在确定因果关系存在以前，考察一些商店肉桂葡式蛋挞的"库存积压"情况；或者采取打折销售羊奶干酪的方式，看看红酒销量是否真的会增加。

事物之间可能存在着一些简单的因果关系，但公司需要清楚每种因果关系都可能产生意想不到的结果。肉桂葡式蛋挞销量的增加是否意味着其他产品销量的减少？红酒销量的增加是否也意味着啤酒销量的减少或者牛排销量的增加？影响现代供应链的因素很多，而且还在不断增加，如天气、社交媒体、特价商品、食品安全新闻等，都会影响消费者的行为，还有零售商应该购置多大规模的存货。这基本上就是一个混沌系统，完全准确地预测将来要发生的事情是不可能的。但模型越完善，预测就越准确，行动结果就越理想。

知识点：数据分析的目的，是把隐藏在一大批看来杂乱无章的数据中的信息集中、萃取和提炼出来，以找出所研究对象的内在规律。

营销数据分析基础

8.1.1　数据分析的作用

数据分析的作用概述：数据可以最直接、准确、客观地反映营销效果。数据分析贯穿网络营销的各个环节，是网络营销中优化工作最主要的参考之一，旨在指导网络营销的工作方向，提升营销效果。

数据分析在网络营销环节中的作用如图8-1所示。

1. 资源挖掘与获取

资源包括渠道资源、用户资源等所有用于网络营销推广的资源。通过统计流量数据能够清晰地反映出哪些渠道的流量高，哪些渠道的用户质量高；通过数据比对可以清晰地反映出资源的差距，如用AB测试法发现最优质的流量获取资源，并加大对此类资源的发掘和投入，以获取更多数量和更优质的流量和用户。

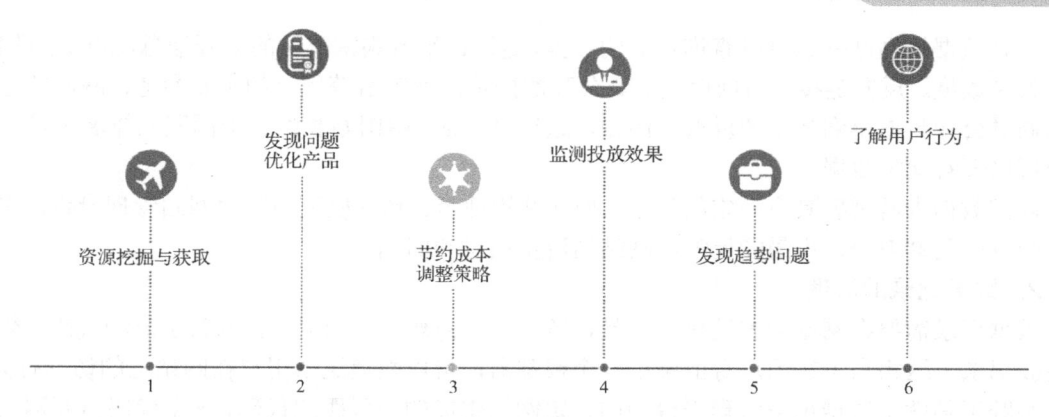

图 8-1 数据分析在网络营销环节中的作用

2. 发现问题，优化产品

这里主要指面向营销推广环节的产品，包括活动页面、着陆页、转化页面等存在的问题，如着陆页是否影响用户访问和留存，转化页面是否能顺利引导转化等，根据数据可以清晰地判断产品具体问题之所在。商品滞销很有可能是因为门店管理混乱、核心销售流失、消费者不喜欢、竞品打压，这些因素在内部是没有数据记录的。因此，需要通过市场走访、员工访谈、消费者调研、竞品对比，共同确认问题发生的真正原因。同样，在营销活动、运营计划、生产供应等方面都可以进行类似分析。

3. 节约成本，调整策略

通过数据能找到优质渠道，同样也能发现投产比低、无效推广的渠道。投产比数据最能体现成本问题，当投产比低于 1 时，就是产出比投入少，这时就应该调整投放渠道，优化或砍掉亏本的投放，以节约成本。

4. 监测投放效果

无论是邮件投放，还是活动营销，都需要对广告投放的效果进行监测，查看投放的结果数据，并对数据进行分析，评估其投放效果。各类营销投放都需要由数据来反映真实的效果，以便对后续投放和活动的开展进行指导。

5. 发现趋势问题

网络营销获取流量，与产品的特点、时间周期、重大事件、推广活动等外部环境有很大的关系，既会造成数据的变化，也能够反映出用户获取信息途径等变化，这时就需要调整投放方向，或者优化投放细节工作。

6. 了解用户行为

通过对用户访问数据的跟踪，查看用户在网站上的操作，如喜欢点击哪些按钮、浏览哪些页面、停留时间、访问频率等，从提高用户转化的角度考虑，要把重点的优化工作放在转化页面改进上。通过对渠道用户的行为分析，找到用户行为数据差距比较大的渠道，对渠道进行投放的优化。

8.1.2 数据分析工作原理

1. 数据回收的条件

数据分为公开数据和内部数据。

公开数据指网站外部可以查询获取的数据,是统计平台跟踪网站的公开信息,如网站排名、网页收录数量、反向链接、访问速度等。公开数据是做搜索引擎优化的重要参考,网站的好坏可以通过公开数据得到基本的反映。例如,通过 Alexa、中国站长站、中国网站排名等第三方平台可以查看此类数据。

内部数据查看需要具有一定的权限,如网站管理员、具备权限的其他网站管理身份。它是数据回收的关键部分,也最能反映出网站的流量信息和问题。

2. 数据记录的原理

数据记录需要在网站上安装跟踪工具,当用户来到被监测的网页,刷新了监测代码,数据就会被记录,这相当于在用户身上装了一个跟踪器,可以知道这个用户在网站上的访问行为。

跟踪工具就是数据记录管理平台面向特定网站生成的一段跟踪代码,这个代码需要网站的技术开发人员加到页面上,作为营销人员只需要了解原理和流程。数据流程如下。

先到统计平台注册,将网站加入平台;在平台获取页面数据跟踪代码;将代码部署到网站的各个页面上;用户访问时即可记录用户数据,跟踪用户的行为;数据展现在平台中,并可以各种维度呈现,能够直接查看数据结果。

3. 数据记录的维度

数据记录的维度有很多,从网络营销工作的层面来说,分为以下 4 个主要维度,包括流量数量维度、流量质量维度、流量转化维度、用户数据维度,如图 8-2 所示。

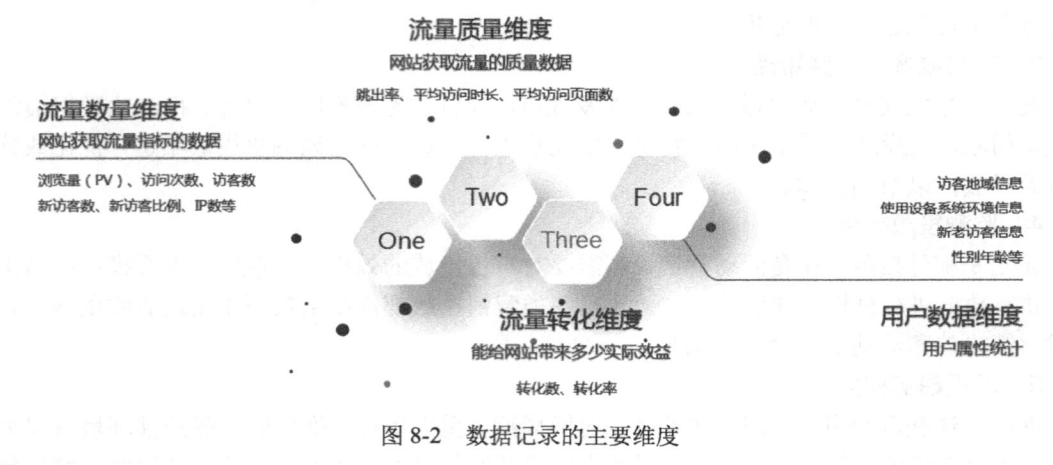

图 8-2 数据记录的主要维度

8.1.3 数据分析工具及应用

数据分析工具有很多种,可以从不同的角度满足数据统计分析的需求。各公司需要根据实际情况和数据分析的需求来决定使用什么工具。数据分析工具一般以数据分析平台的形式出现,如图 8-3 所示。

下面以 Google Analytics 为例讲解数据分析工具的应用流程。

Google Analytics 是 Google 旗下的一款网站数据监测系统,是目前最优秀的免费网站数据监测产品之一。

Google Analytics 的部署。先注册成为 Google Analytics 会员,并验证网站,即可获取代码。通过技术开发人员将代码部署到网站中,可以看到部署的效果,并检查代码部署内容。

图 8-3　常见的数据分析工具（免费平台和付费平台）

Google Analytics 平台提供的数据如图 8-4 所示。

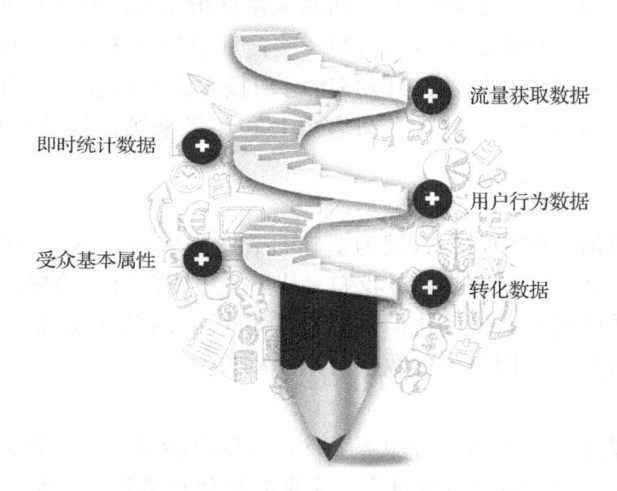

图 8-4　Google Analytics 平台提供的数据类型

（1）即时统计数据

当一个网站完成跟踪代码部署后，在后台即可看到网站的流量数据，包括当前网站的用户，在用什么设备在访问，从哪些渠道来的，在访问哪些网页等。

（2）受众基本属性

通过统计数据可以看到用户的具体表现，如访问量和跳出率，这些可以在营销推广时进行优化。例如，某个浏览器的跳出率是 100%，就要考虑这个浏览器的适配是否有问题，有可能是网站页面效果太差，导致用户直接退出网站。

（3）流量获取数据

重点统计网站访问流量是从哪些渠道来的，如百度、Google、直接输入网址访问，还是通过其他引流途径、由哪些关键字引来的流量、访问的是哪些页面，这些流量的用户质量如何，通过跳出率、停留时间、访问页面等指标数据能直接反映出流量获取的各项指标。

（4）用户行为数据

用户路径图的构成元素包括路径节点、流量、流向。有多少用户进入了网站，分别经过了哪些页面、跳转到了哪些页面，能够看出每个步骤都有用户的流失，通过对不同流量来源分析的数据进行对比，更能充分地反映问题。

（5）转化数据

通过在后台设置转化目标和转化点，监测转化点数据、统计网站流量，以及转化点流量得出转化数据。转化目标设置可多样化，如注册、付费、用户留下数据均可作为转化目标。统计转化目标数据对流量来源的质量分析有直接作用。

除了 Google Analytics，其他常用的数据分析工具如下。

（1）友盟+

友盟+是全球领先的第三方全域大数据服务提供商，依托于自主研发的全域数据平台，为客户提供一站式数据化解决方案。它一方面提供数据产品，包括 App 开发工具、基础统计工具、广告效果监测工具等；另一方面提供数据输出及专业的数据分析和咨询服务，包括 DMP、垂直领域数据化解决方案、数据运营分析报告等。

（2）百度统计

百度统计是百度推出的一款免费的专业网站流量分析工具。它提供的功能包括订单分析、趋势分析、来源分析、页面分析、访客分析和一些搜索引擎优化中的常用工具。对运营来说，百度统计最常规的一个使用场景就是在开发 H5 时用技术植入百度统计的代码，这样就可以从百度统计上清晰地掌握 H5 页面的 UV（访客数）和流量来源，以及在线时长、互动点击的情况。

（3）百度指数

百度指数是以百度海量网民行为数据为基础的数据分享平台，是互联网乃至整个数据时代最重要的统计分析平台之一。它能够告诉我们，某个关键词在百度的搜索规模有多大，一段时间内的涨跌态势及相关的新闻舆论变化，关注这些词的网民有哪些特征，分布在哪里，同时还搜了哪些相关的词，以及帮助用户优化数字营销活动方案。

（4）社群空间

社群空间是基于微信开发的第三方服务插件，提供群游戏、群签到、群公告、群数据分析等工具，帮助运营高效的用户进行管理社群，实现数据化社群运营。使用社群空间服务的微信群，在用户进入社群的那一刻起"加入、发言、签到、退出"等关键行为都会被数据记录。通过运营能够清晰地知道每天入群人数和退群的人数，并能看到群的活跃度。

（5）Group+（孤鹿）

Group+（孤鹿）是国内领先的社群化运营工具，使用场景包括活动、众筹、问卷、调查表、打赏、影响力排行榜、短信等，助力社群运营更为高效。从简单的活动编辑和发布开始，进行报名人员及微信头像等信息的沉淀，后台自动智能化呈现活动传播和转化数据，可用于活动发布用户调研问卷、众筹、打赏、商品售卖等环节。

（6）今日头条媒体实验室

今日头条媒体实验室是基于今日头条 7 亿累计激活用户，7800 万日击活用户的海量行为数据及文章数据，而制作的内容生产、传播、营销的重要工具。它提供了 5 大特色数据功能。

① 热点追踪。用户可以在今日头条媒体实验室的热点追踪功能中，查看最近的热门及飙升事件进行内容创作。在搜索框中输入想要检索的关键词，查看该关键词的热度指数、关联分析、人群画像、评论分析等，由此来决定自己的创作方向及选题在近期是否为热门事件。

② 精选报道。每天都会精选出当日最具热门的事件，对该事件进行小时级别的数据更新，以显示该话题的热度指数、事件分析、用户画像分析、评论等数据。它能够辅助内容创作者跟进动态。

③ 事件监控。如果查询的关键词在今日头条媒体实验室中无法找到，也可以通过添加关键词或词组来描述需要监控的事件，今日头条媒体实验室会在第二天 10 点前自动生成与该关键词或词组相关的数据报告，十分方便快捷。

④ 数据报告。今日头条媒体实验室会免费提供各种最新类型的数据报告下载，这是基于其海量数据及其他相关平台合作产生的数据报告。这对于内容创作者及数据需求者来说是个很大的福利。

⑤ 数据可视化图片下载。今日头条媒体实验室提供了数据图一键下载的功能，在关键词的相关热度指数、关联分析、人群画像、评论分析等展示后，还可以一键下载各个板块的数据图表，而且图表适配于手机端，无须进行二次处理。

8.1.4 数据分析流程

依据数据分析流程，能够更准确地获取数据信息，按照正确的方向和维度进行数据分析，减少无效工作，提高数据的可行度及数据的准确度，更好地达到提升网络营销工作的效果。

数据分析的流程如图 8-5 所示。

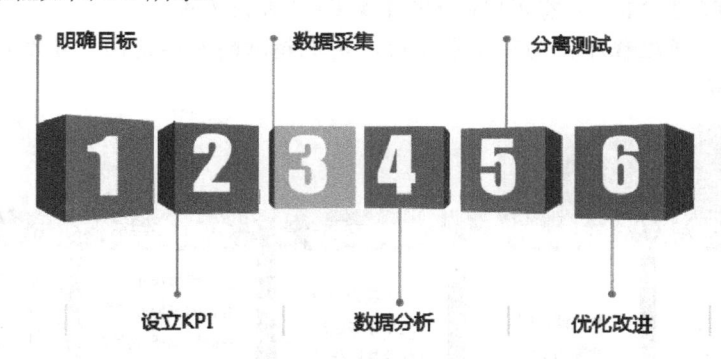

图 8-5 数据分析的流程

（1）明确目标：确定推广平台的具体目标，因产品不同，阶段不同，其目标也不同。

（2）设立 KPI：KPI（关键绩效指标）是动态的，需根据目标分解，并及时调整根据目标确定推广的关键指标。

（3）数据采集：采集监测营销运行数据，包括网站页面收录量查询、搜索结果排名、流量数据 UV 和 PV 等，以及流量质量、用户留存、活跃度等统计数据。

（4）数据分析：通过运营收集用户反馈，用于抓住用户的痛点。

（5）分离测试：对问题点进行单项测试。

（6）优化改进：针对发现的问题进行优化改进。

课程讨论

某互联网金融理财类网站，市场部在百度和 Google 上都有持续的广告投放，吸引网页端流量。最近内部同事建议尝试投放搜狗移动搜索渠道获取流量，以及评估是否加入聚效网络联盟进行深度广告投放。在这种多渠道的投放场景下，该如何进行深度决策呢？

任务 8.2　营销数据分析实务

教学目标

1. 熟练掌握渠道与流量分析的维度；
2. 掌握网站页面数据分析的维度；
3. 熟练掌握用户行为分析的维度和方法；
4. 能够熟练运用漏斗模型进行网站转化数据分析。

案例引入

长城润滑油的精准引流

知识点：

"双十一"已成为国内最大的电商购物节，长城润滑油作为传统的汽车用品行业参与在线电商促销活动具有一定的挑战，为保证项目执行的效果，对人群精准定位有较高的要求。

- ✓ 营销目标：为"双十一"天猫页面引流，促进销售转化。
- ✓ KPI：对 PC 及 Mobile 有不同的 CPM 及 CPC 考核要求。
- ✓ 营销策略：通过程序化购买技术手段，实现精准的人群定向。精准人群的定向策略如图 8-6 所示。

人群标签	搜索数据定向	浏览数据定向	跨屏定向	区域定向
通过YOYI DNA人群标签，瞄准长城润滑油潜在的目标受众	通过锁定相关搜索词，定向长城润滑油潜在的目标受众	定向四大门户汽车频道各汽车品牌论坛及各地车友会访问者，覆盖更多的有车人群	通过跨屏技术，精准定向长城润滑油目标受众所使用的App类型，并依据其上网习惯在移动端进行精准定向投放	在PC端，为长城润滑油指定的推广区域IP定向，锁定目标区域；在Mobile端，通过LBS技术获取受众的经/纬度坐标，精确定向

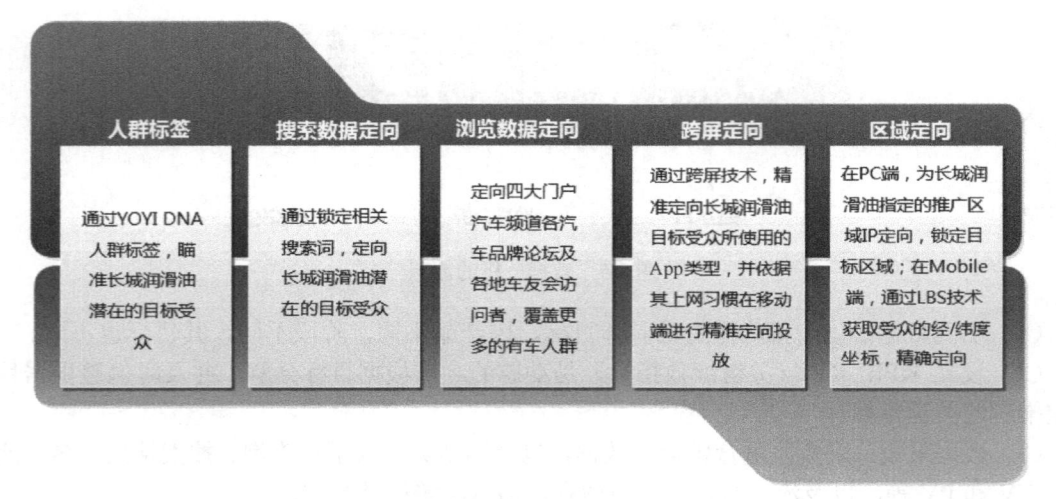

图 8-6　Google Analytics 平台提供的数据类型

（1）人群标签

根据既定的目标人群画像，在人群标签系统中设置受众标签进行精准投放，如图 8-7 所示。

图8-7 根据人群标签确定的受众画像

（2）搜索数据定向

通过搜索关键词，多方向锁定潜在目标受众，如图8-8所示。

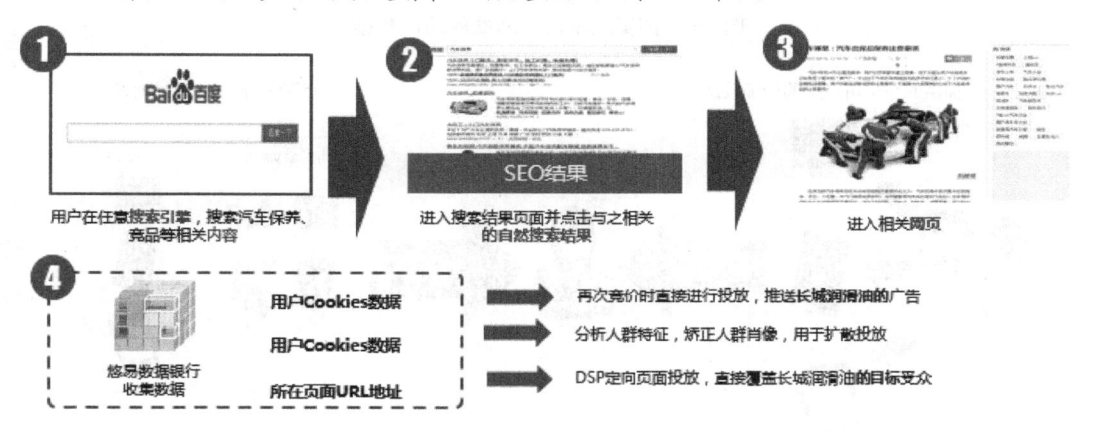

图8-8 通过搜索关键词确定目标受众

定向关键词列表如下。

需求词：什么牌子的润滑油好、车保养用什么润滑油、润滑油评测、润滑油推荐……

通用词：汽车润滑油、汽车养护、汽车保养……

兴趣词（拓展有车人群）：汽车用品、汽车改装、汽车美容、汽车养护、汽车配件、汽车维修、车险、车险理赔、验车、汽车年检……

竞品词：美孚、嘉实多、嘉实多极护、壳牌、昆仑……

品牌词和产品词：长城润滑油、长城金吉星、长城润滑油好用吗、长城润滑油怎么样……

（3）浏览数据定向

锁定4大门户汽车频道中各汽车品牌论坛，以及各地车友会访问者，可覆盖更多的有车人群，如图8-9所示。

（4）跨屏定向

通过多种方式实现 PC 与 Mobile 的人群跨屏，使覆盖范围更广，如图8-10所示。

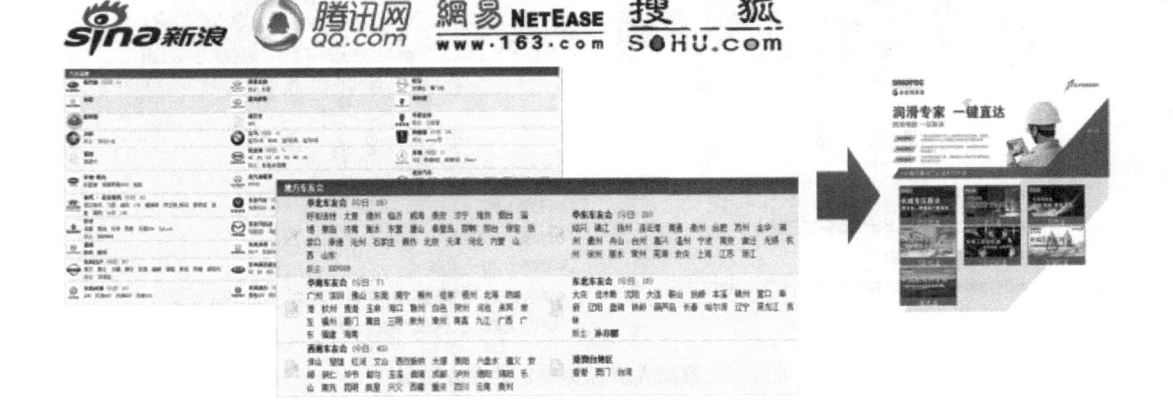

示例：新浪汽车频道-汽车品牌论坛及各地车友会页面访问者　　　　　　投放长城润滑油的广告

图 8-9　浏览汽车门户网站的访问数据

图 8-10　数据分析的跨屏定向

通过跨屏技术，精准定向长城润滑油目标受众在 Mobile 端的使用习惯（如 App 类型、上网习惯等），用于精准定向投放，如图 8-11 所示。

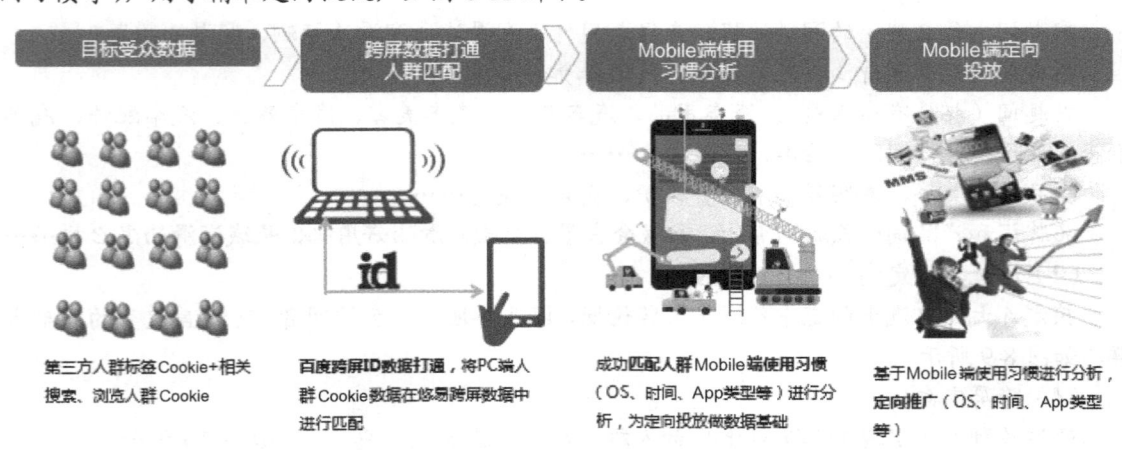

图 8-11　通过跨屏定向定位用户的使用习惯

（5）区域定向

在 PC 端，以长城润滑油指定的推广区域 IP 定向为前提，锁定目标区域；在 Mobile 端，通过 LBS 技术获取受众的经/纬度坐标，以精确定向。

PC 端与 Mobile 端的营销效果与市场反馈：

投放量的完成超预期，KPI 的完成超预期，到达率表现优异。

KPI 的完成情况优异。对比 KPI，PC 端的 CPM 及 CPC 均有约 20%的下降；Mobile 端的 CPM 降低 6%，CPC 比预期降低 79%。

PC 端到达率为 66%，Mobile 端到达率为 33%，表现优于互联网的常规水平。

整体点击量呈上升走势。因优化手段逐步介入，10 月 22 日点击率逐渐攀高，但由于 10 月月底开始有大量电商或商家在互联网投放广告，使网民注意力被分散，致使点击量降低，后又经优化保持上升趋势，最终于"双十一"当日点击量达到峰值，如图 8-12 所示。

PC端数据总览		Mobile端数据总览	
投放总体结果	完成率	投放总体结果	完成率
展现量	+31%	展现量	+7%
点击量	+22%	点击量	+378%
CPM	-24%	CPM	-6%
CPC	-18%	CPC	-79%
到达率	66%	到达率	33%

图 8-12　PC 端与 Mobile 端的营销数据对比

知识点：按照网络营销的主要环节，可以将数据模块进行归类，包括渠道与流量分析、网站页面分析、用户行为分析和转化数据分析，如图 8-13 所示。

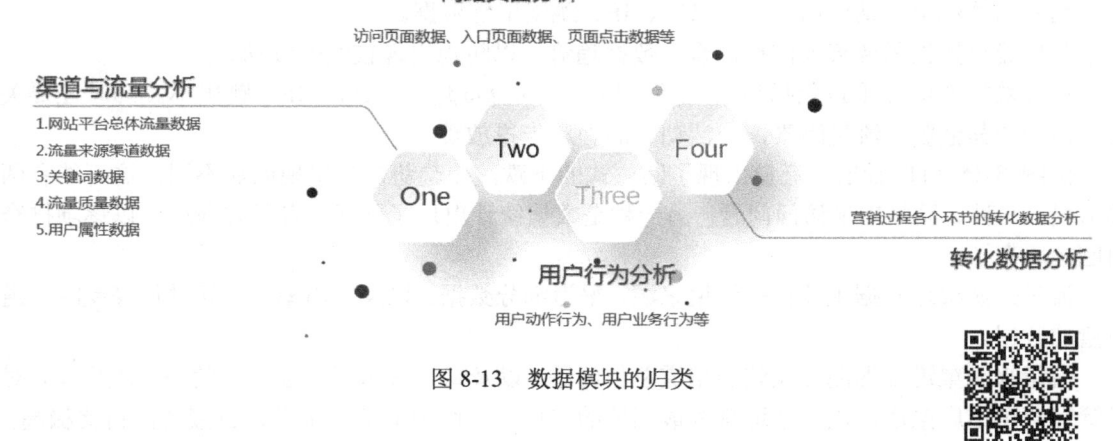

图 8-13　数据模块的归类

8.2.1　渠道与流量分析

营销数据分析实务

通过渠道获取更多优质流量是网络营销工作的核心，与流量相关的数据也是网络营销工作每天都要关注的重点。

渠道与流量需要关注的数据类型如图 8-14 所示。

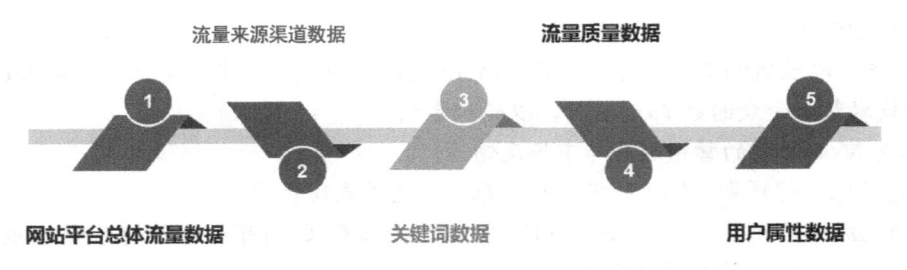

图 8-14　渠道与流量需要关注的数据类型

下面以百度统计工具的数据为例，讲解渠道与流量数据的分析方法，如图 8-15 所示。

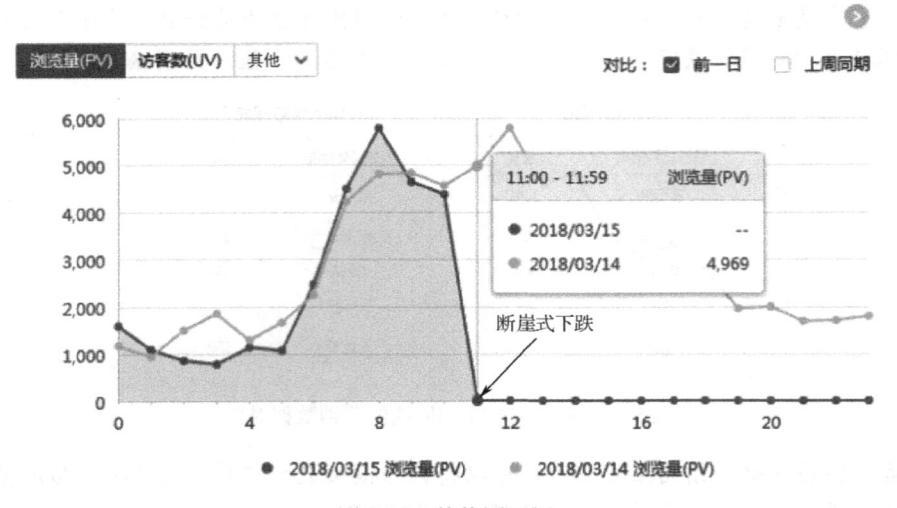

图 8-15　趋势图示例

网站总体流量包括访问量 PV、UV、IP、跳出率等数据。

总体流量数据需要每天监控，查看数据趋势，以防止出现较大的波动。

总体数据的监控重点包括当日流量趋势、近期流量趋势、UV、IP、跳出率。同时还要关注网站平台其他影响流量因素，如活动、品牌广告投放等。

由图 8-15 可以看出，流量出现了断崖式的下跌，使趋势走向出现明显不同，这可能有两种情况，一种是网站出现访问问题；另一种是数据统计出现了问题。有了方向就可以逐项排查问题之所在了。

流量来源渠道数据主要包括渠道来源、渠道细分数据，以及跳出率、访问时长等反映渠道质量的数据。

流量来源渠道数据能够反映出渠道总体问题，以及每个渠道可能会出现的不合理现象，对于管理营销推广渠道、优化渠道具有最直接的作用。从图中的数据来看，直接访问占比极高，搜索引擎带来的流量有很大的提升空间，因此，可以考虑在搜索引擎优化方面进行改进。需要进一步分析关键字等数据。

由流量来源的数据可以看出流量的质量如何，以跳出率、访问时长的数据进行评判。

对这些词进行多维度的数据统计和分析。

用户属性数据包括用户分布、系统环境、新老访客、访客属性、忠诚度等。

用户属性数据分析目标指细化营销推广工作，包括优化推广区域、优化投放时间、优化投放创意等精细化营销管理。

主要数据分析维度指用户的分布、忠诚度、年龄阶段等。

针对用户属性的数据分析采用交叉维度细分的方式。

背景：某网站出现流量的异常波动，流量趋势曲线一直比较平稳，突然出现了大幅的上扬。使用的数据统计工具为 Google Analytics，如图 8-16 所示。

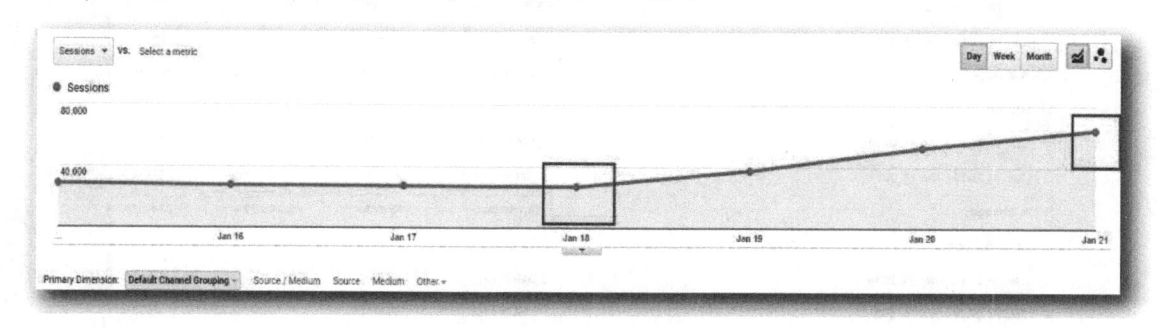

图 8-16　数据流量异常波动

分析网站流量异常波动的原因，推广投放工作没有任何的变化，网站自身也没有任何活动。

从来源/媒介的维度看，选取异常前后的 3 天做对比，观察是哪个渠道的数据出现了异常。

通过数据分析表明是直接访问的来源出现了问题，如图 8-17 所示。

图 8-17　访问来源异常数据示例

再次增加分析维度如图 8-18 所示，在次级维度中增加了着陆页这个维度。

通过分析发现着陆页的参数一致，其流量出现了异常。根据着陆页可以找到这个页面所在的渠道，确定是渠道出了问题，可能存在刷量的行为，如图 8-19 所示。

图 8-18　着陆页数据示例

图 8-19　渠道数据异常示例

这里是用数据分析的方法进行问题定位的。最终结合访问 IP 等数据确定了渠道存在刷量的行为。

8.2.2 网站页面分析

页面数据分析是对流量进入网站后，通过页面记录的数据，反映流量的质量、用户的行为、页面自身的优势和问题所在，根据数据分析的结果，可以从页面角度进行营销优化。

页面数据分析的内容，如图 8-20 所示。

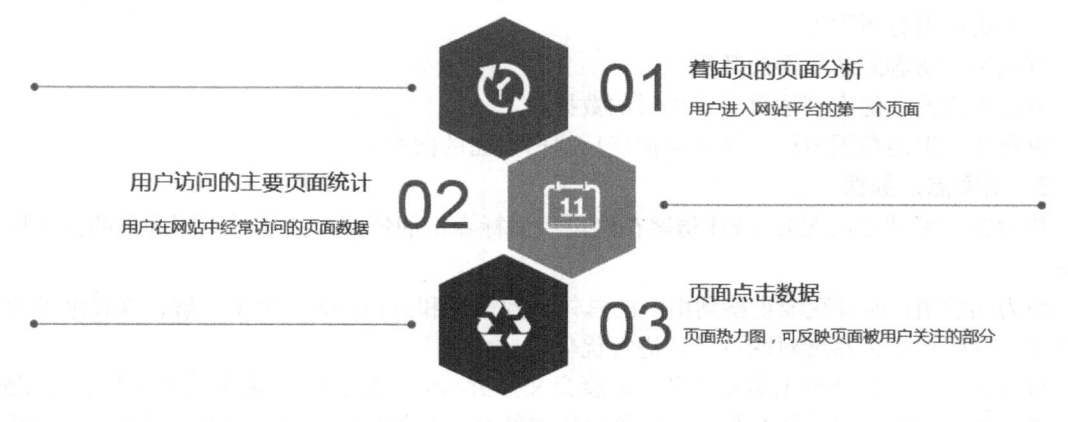

图 8-20 页面数据分析的内容

1. 着陆页的页面分析

着陆页（Landing page）是指从外部（访客点击站外广告、搜索结果页链接或其他网站上的链接）访问到网站的第一个入口，即每个访问的第一个受访页面。重点从流量质量、新访客维度进行分析。

流量质量分析包括重点考量访问次数、访客数、跳出率、平均访问时长、平均访问页数和贡献浏览量；新访客分析包括重点考量新访客数及其比率。

（1）网站入口页面质量数据分析维度

跳出率：评估访客对网站的第一印象，跳出率越高则指访客看过入口页后选择离开的越多。

平均访问时长：指从该入口进入的访客平均每次的停留时长，越长说明其关注度越高。

平均访问页数：指从该入口进入的访客平均每次浏览的页面数量，越多则说明其关注度越高。

（2）网站入口页面新客数据分析维度

访客数：一天之内从该入口进入网站的独立访客数。

新访客数：从该入口进入的独立访客中，历史上首次访问网站的访客数。

新访客比率：从该入口抵达的访客中有多少是新访客，数量越高说明新访客对该网站越感兴趣。

通过上述分析的目的是从数据中筛选出新用户占比高的渠道，在新的广告投放中重点使用这个页面，同时需要分析页面的内容和推广的创意，将经验应用到其他页面。

2. 用户访问的主要页面统计

用户对网站各页面的访问情况，重点从页面价值、入口页和退出页进行分析。

（1）页面价值分析维度

浏览量：体现访客对哪些页面最关心或最感兴趣。

贡献下游浏览量：通过此页面访问其他页面的数据。

平均停留时长：对本页面的关注程度。

这些数据既能体现出某个页面的价值，也能反映出用户流向。

（2）入口页分析维度

浏览量：体现访客对哪些页面最关心或最感兴趣。

入口页次数：能体现出页面作为入口页面的价值。

（3）退出页分析维度

浏览量：访客到达页面的数据。

退出页次数：访客到达页面退出后的数据。

退出率：退出数据占比（这个数据能反映出页面的问题）。

3. 页面点击数据

热力图（网站点击图）：统计访客在网页用鼠标点击的情况，并通过不同颜色的区域展示出来。

热力图价值：能直观地观察到用户的总体访问情况和点击偏好，用于了解访客在网站上的关注点，并根据点击热度对网页设计进行优化。

对点击关注度的分析也需要从多个维度交叉分析，如流量的来源、来源的类型等进行细分。

热力图可以与入口页面数据、受访页面数据结合，对网站页面进行全面的分析，并寻找优化解决方案。

8.2.3 用户行为分析

用户行为分析指在获得网站访问量基本数据的情况下，对用户有关数据进行统计、分析，发现用户访问网站的规律，并将这些规律与网络营销策略等相结合，从而发现网络营销活动或页面中可能存在的问题，并为进一步修正或优化提供依据。

用户行为分析是和其他分析维度交叉比较多的分析工作。

用户数据分析包括用户动作行为和用户业务行为两个维度，如图 8-21 所示。

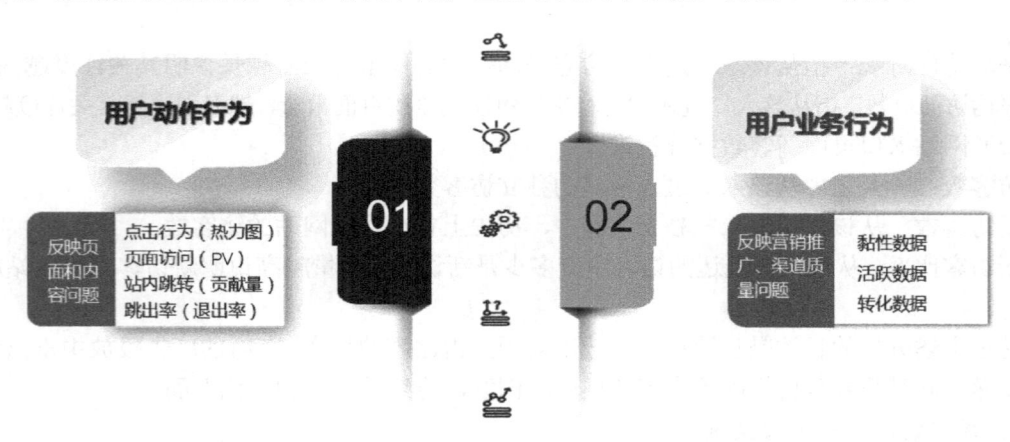

图 8-21 用户数据分析的两个维度

（1）用户动作行为：指用户在网站中的点击行为、页面访问、站风跳转、跳出等。
（2）用户业务行为：指用户在黏性、活跃度、转化等方面的表现。

① 用户黏性数据分析

用户黏性一般通过留存数据指标来体现。

留存率的考查分为周留存、月留存等维度，留存数据越高说明用户质量越高，留存数据分析比较直接，选择对应的渠道即可查看每个渠道用户留存的曲线和具体留存数据。

② 用户活跃数据分析

用户活跃数据一般通过页面访问时间、停留时间、平均访问页面数来体现。

用户活跃度数据与渠道和页面都有交叉联系，可反映渠道的用户质量和页面的质量度。

可以从多个维度来统计分析用户活跃数据，找到活跃用户规律，在营销投放工作中可以作为重要的投放依据。

③ 用户转化数据分析

用户转化数据重点查看两个方面：一方面是转化率的数据；另一方面是转化路径的数据。转化率反映用户来源的质量，转化路径则反映用户最终完成营销目标的过程。

8.2.4 网站转化分析

转化是指用户在网站上完成的某项带有收益的活动，如购买、注册、留言咨询等，当用户达成一次设定的目标时，即算完成一次转化。

针对不同的产品和服务，以及在不同的阶段，转化可以分成很多种，如图 8-22 所示。

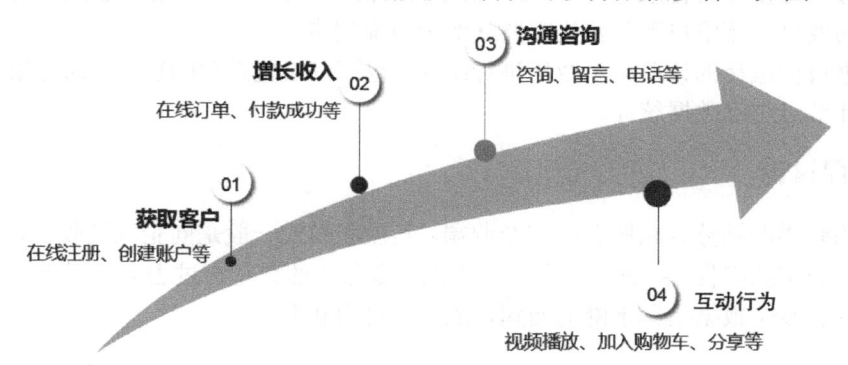

图 8-22 网站转化的阶段

获取客户：在线注册、创建账户等；
增长收入：在线订单、付款成功等；
沟通咨询：咨询、留言、电话等；
互动行为：视频播放、加入购物车、分享等。

转化是网络营销工作最重要的目标之一，转化数据的分析是进行转化提升的重要依据。

利用漏斗模型进行转化数据分析是较常见的方法。

用户从获知网站信息到访问网站，直到最后的终极转化，中间步骤的每个环节都有很多的用户流失损耗，没有产品能够做到100%的转化。

漏斗模型适用于网站中某些关键路径的转化率分析，以确定整个流程的设计是否合理、各步骤的优劣、是否存在优化的空间等。

1. 展现到点击

展现到点击环节，既要提高展现量，又要提高点击转化率，为网站带来更多的流量。

点击转化率的统计一般由广告投放的平台或服务商提供，如百度 SEM 后台，广点通后台等。转化率数据一般需要根据行业平均水平、服务商提供的展示位平均点击率作为参考。

2. 点击到访问

点击到访问环节，用户点击广告进入网站，一般情况下在此处的流失率不会很高，如果有问题则可能出现在网站本身。

点击量由广告投放的平台或服务商提供，网站访问数据由第三方统计平台如百度、Google Analytics 等进行统计，根据这两项数据计算访问转化率。

3. 访问到咨询

用户从访问网站转化到咨询需要具有对产品和服务的需求，并初步认可网站提供的内容，因此，在流量来源、用户接触的内容上，都是需要重视的部分。

（注：此处的咨询转化表示对产品认识和理解的关键过程，不仅指在线咨询）

访问量数据由第三方统计平台进行统计，咨询量的统计需要根据网站咨询的定义分别来看，如在线咨询可由在线沟通工具统计数据；产品详情了解可由用户能够完整阅读产品信息作为统计点，这类数据可以由第三方统计平台以事件统计的方式进行统计，也可以由网站以自有的技术实现数据统计。

4. 咨询到订单

咨询到订单是用户转化成本最高的步骤，一旦用户完成了订单就意味着网络营销推广工作达到了既定的效果。让用户下单转化需要从多个方面同步促进。

订单数据可由最终的订单产生数据进行统计，也可以设置重要的事件，通过用户触发这个事件作为统计节点进行数据统计。

课程讨论

某社交招聘类网站分为求职者端和企业端，其盈利模式一般是向企业端收费，其中一个收费方式是购买职位的广告位。业务人员发现"发布职位"的数量在过去 6 个月中有缓慢下降的趋势。对于这类某个数据指标下降的问题，应该怎样分析？